Jack Kerouac

Allein auf einem Berggipfel

Momentaufnahmen

Deutsch von
Hans Hermann

rororo

Rowohlt

Veröffentlicht im
Rowohlt Taschenbuch Verlag GmbH,
Reinbek bei Hamburg, Januar 1996
Die Texte der vorliegenden Ausgabe
wurden dem Band
«Lonesome Traveller» entnommen

Umschlaggestaltung Walter Hellmann/Beate Becker
(Illustration: Werner Nöfer)
Satz Sabon (Linotronic 500)
Gesamtherstellung Clausen & Bosse, Leck
Printed in Germany
200-ISBN 3 499 22024 5

Inhalt

Piere der heimatlosen Nacht

Hier unten auf dunkler Erde
    bevor wir alle in den Himmel kommen
VISIONEN VON AMERIKA
Immer wieder Autos anhalten
Immer wieder auf fahrende Züge springen
Immer wieder zurückkommen
    nach Amerika
Über mexikanische & kanadische
    Grenzen…

Beginnen wir mit einem Blick auf mich, den Kragen eng an den Hals gedrückt und mit einem Halstuch umwickelt, das wärmt und Halt gibt, wie ich dahinstapfe durch die öde, düstere Umgebung der Lagerhäuser am endlosen Kai von San Pedro, und die Ölraffinerien in dieser feuchten nebligen Weihnachtsnacht 1951 stinken wie brennender Gummi und die aus den Tiefen kommenden Geheimnisse der Meereshexe Pazifik, wo sich gleich links von mir die ölige Brühe des alten Hafenwassers heranwälzt und die schaumbedeckten Pfähle umspült, und weiter draußen vor dem schützenden Hafen sieht man das Zukken der Leuchtfeuer in den heranrollenden Wellen und auch das Auf und Ab von Lichtern an Schiffen und Bum-Booten, die sich nähern und sich entfernen und diesen letzten Streifen des amerikanischen Festlandes verlassen. – Draußen auf dem dunklen Ozean, dieser wilden dunklen See, wo der Wurm unsichtbar auf den Wellen reitet, wie eine Hexe im Flug und ausgestreckt als liege sie lässig auf traurigem Sofa, aber mit wehendem Haar und entschlossen, das blutrote Glück der Liebenden zu finden und zu verschlingen, Tod ist ihr Name, dort draußen kam nun gespenstisch und lautlos bis auf die gewaltig vibrierenden Maschinen das Schicksals- und Todesschiff die *S. S. Roamer*, ganz in Schwarz mit orangefarbenen Spieren, um nach ihrer Fahrt von New York und durch den Panama-Kanal an den Pier von San Pedro verholt und bugsiert zu werden, und an Bord ist mein alter Kumpel Deni Blue, nennen wir ihn so, der mich mit seinem Versprechen, mir einen Job auf dem Schiff zu besorgen, überredet hatte, 5000 Kilometer in Bussen über Land zu fahren, und gleich geh ich für den Rest der Reise um die Welt an Bord. – Und da ich fit bin und wieder mal auf Achse & sowieso nichts anderes zu tun habe als mit langem Gesicht das wirkliche Amerika mit meinem unwirklichen Herzen zu durchstreifen, bin ich scharf und begierig drauf, als vorlauter Küchenjunge oder Tellerwäscher auf dem alten Kahn mitzufahren und mir die Nase einschlagen zu lassen, Hauptsache ich kann mir mein nächstes Seidenhemd in Hongkong schneidern lassen oder in irgendeiner alten Bar in Singapur einen Poloschläger schwingen oder bei Pferderennen auf australisch wetten, mir ist alles recht, es muß nur was los sein und um die Welt gehen.

Wochenlang war ich unterwegs auf den Straßen, die von New York in den Westen führen, und wartete dann im Haus eines Freundes in Frisco oben und verdiente mir in der Zeit bei der guten alten Eisenbahn als Gepäckträger im Weihnachtsbetrieb 50 Dollar dazu, bin grade erst die 800 Kilometer von Frisco runtergekommen, und das als geheimer Ehrengast im Bremswagen des Zipper, eines erstklassigen Güterzugs, das verdank ich meinen Beziehungen zu den Eisenbahnern da oben, und jetzt seh ich mich schon als großen Seemann, geh jetzt gleich hier in Pedro an Bord der *Roamer* und freu mich schon drauf, doch wenn die Sache mit dem Schiff nicht wäre, würde es mir bestimmt gefallen, vielleicht Eisenbahner zu werden, ich würde Bremser lernen und auch noch Geld dafür bekommen, daß ich auf dem rasenden Zipper mitfahre. – Aber ich war krank gewesen, eine plötzliche würgende fürchterliche Erkältung, ein kalifornischer Virus vom Typ X, und so konnte ich kaum aus dem verstaubten Fenster des Bremswagens blicken, hinaus auf die schneeweißen Brecher der Brandung in Surf und Tangair und Gaviota, dort wo die Bahnlinie zwischen San Luis Obispo und Santa Barbara einen großen Halbkreis beschreibt. – Ich hatte mir alle Mühe gegeben, die Fahrt zu genießen, konnte aber nur flach auf der Sitzbank liegen, das Gesicht in meine zusammengelegte Jacke gedrückt, und von San José bis Los Angeles hatte mich jeder Schaffner aufwecken müssen, um mich zu kontrollieren, ich war der Bruder eines Bremsers und selbst ein angehender Bremser, und wenn ich dann den Kopf hob und dachte: «Mein alter Jack, du fährst hier tatsächlich in einem Bremswagen die Küste entlang, und dieser Zug ist so fantastisch wie die Züge in deinen wildesten Wunschträumen, ein Kindertraum ist wahr geworden, wie kommt es da nur, daß du den Kopf nicht heben und nach draußen schauen kannst, um die flaumige kalifornische Küste zu genießen das letzte Land unter dem Flaum fein stäubender Gischt über Türstufen und Schwellen schwappendes Wasser aus jeder Wolke im Orient und den Buchten zwischen hier und Catteras Flapperas Voldivious und Gratteras, Mann», doch dann hob ich den Kopf und nichts war zu sehen, nur meine blutunterlaufene Seele und vage Andeutungen eines unwirklichen Mondes über einer unwirklichen See und das Vorbeifließen der Kieselsteine des Gleisbettes, die Schienen im Sternenlicht. – Steige am Morgen in L.A. aus und mit dem vollen riesigen Seesack auf der Schulter mache ich mich schwankend auf den langen Weg vom Verschiebebahnhof bis in die Innenstadt Main Street L.A., wo ich mich für 24 Stunden in ein Hotelzimmer zurückzog und Bourbon mit Zitronensaft und Grippetabletten trank und auf dem Rücken liegend eine Vision von Amerika hatte, die kein Ende nahm – und das war erst der Anfang – doch ich dachte nur: «In Pedro geh ich an Bord der *Roamer* und ruckzuck bin ich auf dem Weg nach Japan.» – Blickte aus dem Fenster, als ich mich etwas besser fühlte, bestaunte die heißen sonnigen Straßen, Weihnachten in L.A., ging schließlich runter und vertrieb mir die Zeit in den schäbigen Spielhöllen und Schuhputzerbuden, wartete nur darauf, daß die *Roamer* einlief und am Pier in Pedro festmachte, denn dort an der Landungsbrücke sollte ich Deni treffen und den Revolver mitbringen, den er schon mal vorausgeschickt hatte.

Verschiedene Gründe für das Treffen in Pedro – er hatte einen Revolver vorausgeschickt, versteckt in einem Buch, das er sorgfältig ausgehöhlt und hinterher mit Hilfe von braunem Packpapier und Schnur zu einem sauberen Päckchen gemacht und an ein Mädchen in Hollywood adressiert hatte, Helen Soundso, deren Anschrift er mir genannt hatte: «Also, Kerouac, wenn du nach Hollywood kommst, gehst du sofort zu Helen und läßt dir das Päckchen geben, das ich ihr geschickt habe, dann machst du es in deinem

Hotelzimmer vorsichtig auf und holst die Kanone raus, aber paß auf sie ist geladen schieß dir keinen Finger weg, dann steckst du sie in die Tasche, hast du mir gut zugehört Kerouac, hat das noch Platz in deinem verrückten Dickschädel – doch jetzt mußt du eine Kleinigkeit für mich erledigen, für deinen Kumpel Denny Blue, denk immer dran: wir sind zusammen zur Schule gegangen, wir haben zusammen ums Überleben gekämpft und Pfennige zusammengeschnorrt wir waren sogar Bullen zusammen wir haben sogar dieselbe Frau geheiratet», kurzes Husten, «ich meine, wir wollten beide dieselbe Frau, Kerouac, jetzt liegt es an dir, jetzt mußt du mich gegen Matthew Peters diesen Schuft verteidigen, bring also die Kanone mit», mich in die Rippen stoßend und jedes einzelne Wort betonend und ein Rippenstoß zu jedem Wort, «und bring sie unauffällig und laß dich nicht erwischen und verpaß vor allen Dingen das Schiff nicht.» – Was für ein absurder Plan, und so typisch für diesen Verrückten, ich kam natürlich ohne den Revolver, war nicht mal bei Helen gewesen, doch jetzt hatte ich es in meiner vergammelten Jacke eilig, denn ich war fast zu spät dran, ihre Masten näherten sich bereits dem Pier, Nacht, überall Scheinwerfer, über den langgestreckten Platz mit seinen Raffinerien und Öltanks, in meinen armen ausgetretenen Schuhen, die jetzt eine richtige Reise angetreten hatten – sie begann in New York und sollte mich zu dem Narrenschiff bringen, aber es zeigte sich dann gleich in den ersten 24 Stunden, daß ich nie auf dieses Schiff kommen würde – wußte das damals noch nicht, war aber dazu verdammt, in Amerika zu bleiben, auf immer, Straße Eisenbahn oder Schiffsschraube, es wird immer Amerika sein (in den Orient fahrende Schiffe tuckern den Mississippi rauf, wie noch zu sehen sein wird). – Ohne Revolver, vermummt gegen die schreckliche Winterfeuchte in Pedro und Long Beach, bei Nacht, vorbei an der Puss-n'Boots-Fabrik an einer Ecke und davor ein kleiner Rasen und amerikanische Fahnenstangen und eine große Thunfischanzeige im Innern desselben Gebäudes produzieren sie Fisch für Menschen und für Katzen – vorbei an den Matson-Pieren, von der Lurline nichts zu sehen. – Und die Augen halten Ausschau nach Matthew Peters dem Schurken dessentwegen Deni einen Revolver haben wollte.

Es ging, irrsinnig, zurück auf andere weiter zurückliegende Ereignisse in diesem knirschenden gewaltigen Film von der Erde den ich hier nur in einem kleinen Auszug vorführe, wenn er auch lang ist, wie wild kann die Welt sein bis einem endlich klarwird: «Ach was, es ist doch immer wieder dasselbe.» – Aber Deni hatte das Auto von diesem Matthew Peters absichtlich zu Schrott gefahren. Offenbar hatten die beiden zusammen und mit etlichen Mädchen in Hollywood gewohnt, und sie fuhren beide zur See. Es gab Schnappschüsse von ihnen, wie sie in Badehosen an sonnigen Schwimmbecken saßen und mit Blondinen, und immer wieder prahlerische Umarmungen. Deni groß, rundlich, dunkelhaarig, mit dem zähnebleckenden Lächeln des Heuchlers, Matthew Peters ein unverschämt gutaussehender blonder Typ mit selbstbewußtem grimmigem Gesichtsausdruck oder (morbidem) Ausdruck der Sünde und des Schweigens, der Held – der jeweiligen Gruppe, der jeweiligen Zeit – so daß man ständig hören kann, wie hinter vorgehaltener Hand darüber geredet wird, die vertraulichen Geschichten erzählt einem jeder Betrunkene und Nichtbetrunkene in jeder Bar und Nichtbar von hier bis in die fernsten Fernen hinter allen Tathagata-Welten in den 10 Himmelsrichtungen des Universums, es ist wie die Gesamtheit der Geister aller Moskitos, die je gelebt haben, die Dichte der Geschichte der Welt, das alles würde ausreichen, um den Pazifik so oft zu füllen, wie man ein Sandkorn aus seinem sandigen Bett holen könnte. So hörte sich die große Geschichte an, das große Gejammer, das mir immer wieder vorgeleiert wurde, von Deni, einem alten Jammerer und Leierer und Meister im Schimpfen: «Während ich die Mülltonnen und Fässer in Hollywood durchstöberte, stell dir das mal vor, wie ich hinter diese supervornehmen Apartmenthäuser ging, abends, ganz spät, und da lautlos herumschlich und 5-Cent-Pfandflaschen suchte und in meinem Beutel verstaute, um an etwas Geld zu kommen, weil es im Hafen keine Arbeit für uns gab und einfach kein Schiff aufzutreiben war, in der Zeit schmiß Matthew der Angeber große Parties und verputzte das Geld bis zum letzten Cent, den er aus meinen schmutzigen Händen bekommen konnte, und nie, auch nicht ein EINZIGES Mal hörte ich auch nur ein einziges WORT der Anerkennung – du kannst dir vielleicht vorstellen, wie ich reagierte, als er schließlich auch noch mein bestes Mädchen nahm und mit ihr für eine ganze Nacht verschwand – ich stahl mich in die Garage, wo er sein Auto stehen hatte, ich fuhr ganz leise rückwärts hinaus, ohne den Motor anzulassen, im Leerlauf die Straße hinunter, und dann Mann war ich auf dem Weg nach Frisco, trank dabei eine Dose Bier nach der anderen – ich könnte dir da eine Geschichte erzählen Mann –», und so erzählt er immer weiter, auf seine unnachahmliche Art, wie er in Cucamonga California den Wagen zu Schrott fuhr, frontal in einen Baum, wie er sich dabei fast umbrachte, wie das mit den Bullen lief und den Rechtsanwälten und all den Papieren und dem Ärger, und wie er schließlich doch nach Frisco kam und ein anderes Schiff fand und wie Matthew Peters, der wußte, daß er auf der *Roamer* fuhr, heute in dieser feuchten kalten Nacht bestimmt an der Landungsbrücke in Pedro auf ihn warten würde, mit einer Kanone, einem Messer, mit Gefolgsleuten und Freunden, mit allem und jedem. – Deni wollte beim Verlassen des Schiffes in alle Richtungen spähen, bereit, sich sofort flach auf den Boden zu werfen, und ich sollte ihn am Ende des Landungssteges erwarten und ihm blitzschnell die Kanone geben – und das alles in der nebligen Nacht –

«Also gut erzähl mir eine Geschichte.»

«Immer schön sachte.»

«Immerhin bist du derjenige, der mit dieser ganzen Sache angefangen hat.»

«Sachte, sachte», sagt Deni mit seiner eigenen merkwürdigen Aussprache, «SAHACH» ganz laut mit gerundeten Lippen wie ein Rundfunksprecher um ja nichts zu verschlucken und dann das «TE» nur leicht angehängt, den Trick hatten wir beide an unserer verrückten Prep-School gelernt, wo alle nur Schmus redeten, total blasiert und überkandidelt... balahasierten Schamahus, unerklärlich die albernen Pennälerspielchen von einst, vergessen und verloren – aber nicht für Deni, der in dieser absurden Nacht in San Pedro in den nebligen Himmel hinein blödelte, als hätte sich nichts geändert. – «SAHACHte» sagt Deni und packt mich am Arm und hält mich fest und blickt mich ernst an, er ist eins neunzig und blickt auf meine kleinen eins fünfundsiebzig herunter, und seine Augen sind dunkel, funkelnd, deutlich zu sehen daß er verrückt ist, deutlich zu sehen daß er eine andere Auffassung vom Leben hat als je ein Mensch vor ihm oder nach ihm, auch wenn er mit dem gleichen Ernst rumlaufen und seine Theorien vertreten kann, zum Beispiel die über mich: «Kerouac ist ein Opfer, ein OHOPfer seiner eigenen Fahantahasie.» – Oder sein Lieblingsscherz über mich, der so lustig sein soll und doch das Traurigste ist, was er oder sonstwer je erzählt hat: «Kerouac hat sich einmal geweigert, seinen Teil von einem Brathähnchen zu essen, und als ich ihn fragte warum, da sagte er, ich muß an die armen verhungernden Menschen in Europa denken... Haiaa UAAA», und er bricht in sein fantastisches Gelächter aus, ein mächtiges kreischendes Aufwärts in einen Himmel, der speziell für ihn gemacht ist und den ich immer über ihm sehe wenn ich an ihn denke, die schwarze Nacht, die Rund-um-die-Welt-Nacht am Pier in Honolulu, als er geschmuggelte japanische Kimonos trug, gleich vier übereinander, und er mußte sich vor den Zollbeamten bis auf diese Kimonos ausziehen, und da steht er nun in der Nacht auf der Landungsbrücke in japanischen Kimonos, der große und starke Deni Bleu, niedergeschlagen & sehr sehr unglücklich. – Ich könnte dir eine Geschichte erzählen, die ist so lang, da könnten wir zusammen rund um die Welt fahren und ich wär noch nicht fertig damit, Kerouac, aber du aber du willst ja nicht du willst mir nicht du hörst ja nie zu – Kerouac, was WAS willst du den armen verhungernden Menschen in Europa von der Puss-n'Boots-Fabrik da erzählen, mit der Thunfischreklame, H MmHmmh Ja aJJooo Jooo, *die produzieren das gleiche Futter für Katzen und Menschen*, Jjorr JUUUUUUUUUU!» – Und wenn er so lachte, wußte man, daß er sich verdammt gut amüsierte und ganz allein, denn ich hab das nie anders erlebt, die Kumpels auf dem Schiff und all seinen anderen Schiffen kapierten den Witz so wenig wie all seine anderen Streiche, auf die ich gleich noch komme. – «Ich hab Matthew Peters' Wagen zu Schrott gefahren verstehst du – aber ich hab's natürlich nicht absichtlich getan das kannst du mir glauben, auch wenn Matthew Peters mir das anhängen möchte, alle möglichen Querköpfe wollen mir das anhängen, zum Beispiel Paul Lyman der glaubt auch ich hätte seine Frau gestohlen aber ich versichere dir Kerouac der liegt völlig schief, es war mein Kumpel Harry McKinley, der hat Paul Lymans Frau gestohlen – ich bin mit Matthews Auto nach Frisco gefahren, ich wollte es da an der Straße stehenlassen und mich einschiffen, er hätte das verdammte Ding ja zurückbekommen, aber leider Kerouac läuft's im Leben kommt's nicht immer so und anders als wir wollen da hast du's, bloß den Namen der Stadt den kann ich nie und werd ich nie – he, hopp, Mann, Kerouac, du hörst ja gar nicht zu», und er packt mich wieder am Arm, «sachte, sachte, hörst du überhaupt was ich dir SAGE!»

«Klar hör ich dich.»

«Was brummst du dann dauernd rum, mm hmm äh, was's da oben, die Vögel sind da oben, du hast den Vogel da oben gehört, Mann o Mann», und wendet sich schniefend mit einem einsamen Lachen ab, in dem Augenblick seh ich den wahren Deni, jetzt, wo er sich abwendet, es ist kein toller Witz, es war gar kein toller Witz draus zu machen, er redete mit mir und dann wollte er einen Witz darüber machen daß ich anscheinend nicht zuhörte und es war nicht komisch weil ich eben doch zuhörte, ja sogar sehr genau zuhörte wie immer wenn er ins Jammern und

Leiern kam und aber er wandte sich ab und hatte es versucht und mit einem verzweifelten kurzen Blick in seine eigene als ob Vergangenheit siehst du das Doppelkinn oder Grübchenkinn eines großen Babys, ein Versagen der Natur, und wehmütig und mit herzzerreißender französischer Nachgiebigkeit durchlief er bescheiden, ja demütig, die ganze Skala vom absolut boshaften Intrigieren und Ränkeschmieden und Streichespielen zum großen Engel Ananda dem trauernden Baby in der Nacht, ich sah ihn ich weiß Bescheid. – «Cucamonga, Practamonga, Calamongonata, ich kann nie behalten, wie der Ort heißt, aber ich steuerte das Auto frontal gegen einen Baum, Jack, und damit war alles gelaufen und sie stürzten sich auf mich, jeder nichtsnutzige Bulle Anwalt Richter Doktor Indianerhäuptling Versicherungsvertreter all die Bauernfänger in der – ich sage dir ich hatte Glück daß ich da lebend rauskam ich mußte nach Hause telegrafieren und jede Menge Geld anfordern, wie du weißt ist all mein Erspartes bei meiner Mutter in Vermont und wenn ich echt in der Klemme bin telegrafiere ich immer nach Hause, es ist mein Geld.»

«Klar Deni.» Aber um allem die Krone aufzusetzen, gab es da noch Matthew Peters' Kumpel Paul Lyman, der eine Frau hatte, die mit Harry McKinley durchbrannte oder sich irgendwie absetzte, ich hab das nie begriffen, sie nahmen eine Menge Geld und dampften mit einem Schiff in den Fernen Osten und wohnten nun bei einem versoffenen Major in einer Villa in Singapur und lebten auf großem Fuß in weißen Leinenhosen und Tennisschuhen, aber Lyman der Ehemann, ebenfalls ein Seemann und sogar Schiffskamerad von Matthew Peters und (auch wenn Den das zu der Zeit nicht wußte, beide an Bord der Lurline) (das kommt noch) PÄNG, er war überzeugt daß Deni auch da seine Finger im Spiel hatte, und so hatten sich die beiden geschworen, Deni umzubringen oder Deni zu erwischen, und Deni rechnete nun damit, daß sie in dieser Nacht beim Einlaufen des Schiffes am Pier stehen würden, mit Revolvern und Freunden, und ich sollte dort in Bereitschaft stehen, wenn Deni mit raschen Schritten den Landungssteg herabkam, ein elegant gekleideter Mann auf dem Weg nach Hollywood zu seinen Stars und Mädchen und all den großen Dingen, von denen er mir geschrieben hatte, ich soll sofort auf ihn zugehen und ihm den Revolver in die Hand drücken, geladen und entsichert, und Deni, mit wachsamen Augen darauf achtend, daß ihn nicht irgendwelche Schatten anspringen, stets bereit sich flach auf den Boden zu werfen, nimmt den Revolver in Empfang, und zusammen tauchen wir in das Hafendunkel und jagen in die Stadt – vor uns weitere Ereignisse, Entwicklungen –

Nun war die *Roamer* also angekommen, sie machte längsseits an dem Betonpier fest, ruhig stand ich da und sprach einen Achterdecksmann an, der sich mit den Tauen abmühte: «Wo ist der Carpenter?»

«Wer Blue? der – ich seh ihn gleich und sag ihm Bescheid.» Ein paar weitere Fragen und da kommt Deni grade als das Schiff anlegt und festgemacht wird und der Leichtmatrose die Rattenabweiser aufstellt und der Kapitän sein Pfeifsignal gegeben hat und diese unfaßbare langsame gewaltige zeitlupenhafte Ewigkeitsbewegung von Schiffen zum Stillstand gekommen ist, du hörst die Strudel die zurückströmenden Strudel, das Pissen aus den Speigatten – die große gespenstische Fahrt ist vorüber, das Schiff ist im Hafen –

die gleichen Menschengesichter sind an Deck – und da kommt Deni in seiner Arbeitskleidung und unglaublich in der nebligen Nacht sieht er seinen Mann direkt vor sich am Kai stehen, wie ausgemacht, die Hände in den Taschen, könnte fast die Hand ausstrecken und ihn anfassen.

«Da bist du ja Kerouac, ich hab nie geglaubt, daß du wirklich kommst.»

«Du hast mich doch herbestellt, oder nicht –»

«Wart hier, eine halbe Stunde noch, dann bin ich gewaschen und umgezogen und alles, dann komm ich – irgend jemand da?»

«Ich weiß nicht.» Ich sah mich um. Ich hatte mich eine halbe Stunde lang umgesehen, geparkte Autos, dunkle Ecken, offenstehende Schuppen, Türöffnungen, Nischen, Krypten in Ägypten, Rattenlöcher in der Kaimauer, gähnende Löcher und zerknitterte Bierdosen, Mittelmastbäume und fischende Adler – bah, nirgends, die Helden waren nirgends zu sehen.

Zwei der traurigsten Gestalten die man je gesehen hat (ho ho ho) verließen diese Landungsbrücke, im Dunkeln, vorbei an ein paar

Zollbeamten die Deni mit einem kurzen Routineblick streiften und den Revolver in seiner Tasche sowieso nicht entdeckt hätten aber er hatte sich die ganze Mühe gemacht und das Ding in dem ausgehöhlten Buch mit der Post geschickt, und jetzt flüsterte er während wir sorgfältig die Umgebung absuchten: «Nun, hast du sie dabei?»

«Klar Mann in meiner Tasche.»

«Behalt sie, gib sie mir draußen auf der Straße.»

«Klar, kein Problem.»

«Ich glaub die sind nicht da, aber man kann nie wissen.»

«Ich hab alles abgesucht.»

«Dann machen wir uns jetzt auf die Sokken – ich hab alles geplant Kerouac, für heut nacht und morgen und das ganze Wochenende; ich hab auch mit den Köchen schon geredet, es ist alles geplant, ein Brief für dich runter zu Jim Jackson ins Gewerkschaftshaus und du schläfst an Bord in der Kadettenkabine, was sagst du dazu Kerouac eine ganze Kabine nur für dich, und Mr. Smith will mitkommen und mit uns feiern, hmm aa mahaia.» – Mr. Smith war der fette blasse dickbäuchige Hexenmeister aus den tiefsten

Tiefen des Maschinenraums, ein Putzer oder Schmierer oder Wasserträger, der komischste Vogel den man sich nur denken kann, und Deni lachte bereits und war in bester Stimmung und vergaß die eingebildeten Feinde – draußen auf der Kaistraße waren wir endgültig aus dem Schneider. Deni trug einen blauen Kammgarnanzug aus Hongkong mit stark wattierten Schultern und einem eleganten Schnitt, es war ein teurer und schöner Anzug, in dem er, jetzt, neben mir in meinen alten Klamotten, wie ein französischer Bauer dahinstapfte und sich in seinen derbsten Ausdrücken über die Reihen *de bledeine* ausließ, wie ein Ganove am Samstagabend auf den Straßen Bostons unterwegs zur Billardspelunke und zu seinen Kumpels aber auf seine eigene Art, mit dem engelhaften Deni-Lächeln, das an diesem Abend noch stärker wirkte, denn der Nebel machte sein Gesicht jovial rund und rot aber nicht alt, doch mit dem ganzen Sonnenschein von der Fahrt durch den Kanal sah er aus wie ein Romanheld von Dickens unterwegs zu seiner Postkutsche auf staubigen Straßen, nur welch trostlose Szenerie lag da vor uns in der Nacht. – Mit Deni geht man immer nur zu

Fuß, man geht und geht, er würde keinen Dollar für ein Taxi ausgeben, denn er geht gern zu Fuß aber es gab auch andere Tage damals als er noch mit meiner ersten Frau ausging und sie durch das Drehkreuz der U-Bahn schob bevor sie wußte wie ihr geschah, von hinten natürlich – ein reizender kleiner Trick – um ein paar Pfennig zu sparen – und darin ist der alte Den unschlagbar, wie sich nachweisen ließe – Wir kamen zum Bahngleis der Pacific Red Car nach einem flotten Spaziergang von etwa 20 Minuten vorbei an diesen öden Raffinerien und baufälligen Bruchbuden am Brackwasser, unter einem unmöglichen Himmel ich nehm an mit Sternen übersät aber man sah nur einen trüben verschwommenen Eindruck in der südkalifornischen Weihnacht – «Kerouac wir sind jetzt am Gleis der Pacific Red Car, hast du die leiseste Ahnung was das Ding ist kannst du mir das sagen du glaubst du kannst es, aber Kerouac du warst für mich schon immer der komischste Mensch auf der Welt…»

«Nein, Deni Du bist der komischste Mensch auf der Welt –»

«Unterbrich mich nicht, fasle nicht, und überhaupt –», seine Art zu antworten und ständig zu reden und er ging voraus über die Red-Car-Schienen, auf dem Weg zu einem Hotel im Zentrum von Pedro wo angeblich jemand mit Blondinen auf uns wartete und deshalb kaufte er unterwegs ein paar Kartons Bier damit wir was zu tragen hatten, und als wir zu dem Hotel kamen, vor dem Eingang Palmen in Töpfen und Topfpflanzen in den Fenstern und geparkte Autos davor, und alles tot und windstill in diesem toten kalifornischen traurigen windstillen Rauchsmog, und die Pachucos fahren in einem frisierten Wagen vorbei und Deni sagt: «Du siehst die Mexikaner dort, die Clique im Auto in ihren Blue Jeans, die haben letztes Jahr an Weihnachten einen von unseren Matrosen erwischt, heute vor einem Jahr, der wollte gar nix von denen, doch die sprangen auf einmal aus dem Auto und schlugen ihn grün und blau – sie nehmen sein Geld – kein Geld, sie wollen nur zeigen daß sie brutal sind, es sind Pachucos, die schlagen einfach gern Leute zusammen, für nichts und wieder nichts –»

«Als ich in Mexiko war, sind mir die Mexikaner dort aber nicht so vorgekommen –»

«Die Mexikaner in den Staaten das ist eine andere Geschichte Kerouac, wenn du in der

Welt herumgekommen wärst wie ich dann könntest du wie ich ein paar harte Tatsachen des Lebens kapieren aber du mit deinen armen verhungernden Europäern, du wirst das nie NIE beGREIFEN...», und wieder packte er mich am Arm und schwenkte ihn beim Gehen, wie in unseren Pennälertagen als wir immer den sonnigen Morgenhügel an der 246. Straße in Manhattan hinaufgingen, zur Horace-Mann-Schule auf den Felsklippen drüben beim Van-Cortland-Park, das Sträßchen, an den englischen Fachwerkvillen und Mietshäusern vorbei nach oben zu der efeuumrankten Schule, armeschlenkernd strömte die ganze Horde nach oben aber keiner war jemals so schnell wie Deni der nie eine Verschnaufpause einlegte, der Anstieg war sehr steil, die meisten hatten zu kratzen und kämpfen und keuchen und stöhnen aber Deni packte es mit seinem großen fröhlichen Lachen – Damals verkaufte er immer Dolche an die reichen kleinen Viertkläßler, hinter den Toiletten – An diesem Abend hatte er neue Tricks auf Lager – «Kerouac ich mach dich heut mit zwei Cucamongas in Hollywood bekannt falls wir noch rechtzeitig hinkommen, ganz bestimmt aber morgen...

zwei Cucamongas in einem Haus, einem Mietshaus, und das Ganze ist um ein Schwimmbecken herum gebaut, hast du verstanden, was ich da gesagt habe, Kerouac?... ein Schwimmbecken, in dem man schwimmen kann –»

«Ich weiß, ich weiß, da war doch das Bild von dir und Matthew Peters und all den Blondinen, toll... Was ist, wolln wir die hernehmen?»

«Warte, Moment noch, bevor ich dir den Rest erkläre, gib mir erst mal die Kanone.»

«Ich hab die Kanone nicht du Idiot, ich hab das nur gesagt um dich vom Schiff runterzubekommen... Falls was losgewesen wäre, ich hätt dir schon geholfen.»

«DU HAST SIE NICHT?» So allmählich begriff er, daß er der ganzen Crew was vorgemacht hatte: «Mein Kumpel steht da draußen am Pier mit der Kanone, was hab ich euch gesagt», und er hatte schon vorher, als das Schiff in New York ablegte, ein großes absurdes typisch Deni lächerliches Plakat angeschlagen, Blockschrift in roter Tinte auf einem Blatt Briefpapier: «WARNUNG, AN DER WESTKÜSTE GIBT ES EIN PAAR TYPEN NAMENS MATTHEW PETERS UND PAUL

LYMAN DIE WÜRDEN NICHTS LIEBER TUN ALS DEN CARPENTER DER ROAMER DENI E. BLEU ZUSAMMENZUSCHLAGEN WENN SIE NUR DIE GELEGENHEIT DAZU HÄTTEN ABER ALLE SCHIFFSKAMERADEN DIE BLEU HELFEN WOLLEN HALTEN AUSSCHAU NACH DIESEN ZWEI ÜBLEN STROLCHEN WENN DAS SCHIFF IN PEDRO FESTMACHT UND HILFE WIRD DANKBAR ANGENOMMEN GEZEICHNET DER CARPENTER DER HEUTE ABEND EINEN AUSGIBT» – und dann hatte er in der Messe lauthals mit seinem Kumpel angegeben.

«War mir doch klar, daß du allen erzählst, ich hätte die Kanone, drum hab ich auch gesagt, ich hätte sie. Ist es dir so nicht leichter gefallen, vom Schiff runterzukommen?»

«Wo hast du sie?»

«Ich hab sie nicht mal abgeholt.»

«Dann ist sie noch dort. Wir müssen sie gleich heut abend holen.» Er hing seinen Gedanken nach – alles war okay.

Deni hatte große Pläne, es würde schwer was los sein in dem Hotel, dem El Carrido Per To Motpaotta California Potator Hotel, wie gesagt mit Zimmerpalmen davor und drinnen Matrosen und auch autogeile Söhne von Flugzeugkonstrukteuren aus Long Beach, die ganze breitgefächerte und wirklich trostlose kalifornische Kultur war hier offensichtlich zu Hause, hier sah man die düsteren Innenräume hier sah man die Hawaiihemden tragenden und mit Armbanduhren bewehrten sonnengebräunten kräftigen jungen Männer die die langen schlanken Biergläser schräg zum Mund führten und mit begehrlichen Blicken und geziertem Getue Weiber anmachten die feine Halsbänder trugen und an den sonnengebräunten Ohren kleine weiße Elfenbeinfigürchen und in den Augen ein ganz und gar ausdrucksloses Blau, dazu eine versteckte bestialische Grausamkeit und der Gestank von Bier und Rauch und der gepflegte Duft im kühlen feudalen Foyer diese ganze amerikanische Art die mich in meiner Jugend so wild machte denn ich wollte dazugehören und mein Zuhause aufgeben und losziehen wollte der große Held sein in der amerikanischen romantisch verjazzten Nacht. – Das hatte auch Deni den Kopf verlieren lassen, der vor Jahren als ein verdrossener wütender französischer Junge mit dem Schiff herübergekommen war um amerikanische Privatschulen zu besuchen und damals glühte Haß in seinen Knochen und in seinen dunklen Augen und er wollte die Welt kaputtschlagen – doch es brauchte nur wenig vom weisen und gelehrten Einfluß der Lehrmeister des Hohen Westens und schon wollte er seinen Haß und seine Zerstörungswut in den feudalen Foyers ausleben, wie gesehen in Franchot-Tone-Filmen und weiß Gott wo sonst und was sonst noch. – Wir nähern uns diesem Bau auf dem trostlosen Boulevard, einer Phantomstraße mit sehr hellen Straßenlaternen und sehr hellen aber düsteren Palmen die ananasähnlich aus dem Gehweg sprießen und darüber der undefinierbare kalifornische Nachthimmel und kein Wind. – Im Innern wartete keiner auf uns denn Deni lag wie üblich daneben und wurde von keinem beachtet (besser für ihn, nur weiß er das nicht) wir trinken also ein paar Bier, tun so als ob wir warten, Deni serviert mir weitere Tatsachen & Trugschlüsse, doch kommen tut keiner, nicht Freund und nicht Feind, Deni der perfekte Taoist, dem nie was passiert, die Schwierigkeiten prallen wie Wassertropfen von seinem Rücken, als sei er mit Schweinefett eingerieben, so'n Dusel hat er und weiß es nicht, und jetzt ist sein Kumpel bei ihm der alte Ti Jean der überall hingeht jedem folgt für jedes Abenteuer zu haben ist. – Plötzlich beim dritten Bier oder so läßt er einen Schrei los, wir haben die stündlich stadteinwärts fahrende Red-Car-Bahn verpaßt und jetzt sitzen wir noch eine Stunde in dem trübsinnigen Pedro fest, wir wollen uns in den Glitter von Los Angeles wenn möglich oder Hollywood stürzen bevor alle Bars geschlossen sind, vor meinem inneren Auge seh ich all die wunderbaren Dinge die Deni dort für uns geplant hat, unbegreiflich, aus dem Gedächtnis gelöschte Bilder die ich nun erfand ehe wir uns aufmachten und den tatsächlichen Schauplatz erreichten, nicht die Leinwand sondern die öde vierdimensionale Szene selbst. – PÄNG, Deni will ein Taxi nehmen und dem Red Car nachjagen und auch mit unseren Bierkartons laufen wir die Straße runter zu einem Taxistand und nehmen uns ein Taxi zur Jagd auf den Red Car und der Fahrer macht sich wortlos auf die Verfolgung denn mit egozentrischen Seeleuten kennt er sich aus als ein ach wie trübseliger Taxifahrer in einer ach wie trübseligen Gegend an einem rastlosen Hafen. – Los geht's – ich hab den Verdacht er fährt wirklich nicht schnell genug um den Red Car tatsächlich einzuholen. der in voller Fahrt dahinbraust. Richtung Compton und in die Außenbezirke von L. A., mit hundert Sachen. – Ich hab den Verdacht er will einen Strafzettel vermeiden, aber doch so schnell zu fahren, daß die launischen Matrosen auf dem Rücksitz zufrieden sind – ich hab den Verdacht er will nur dem alten Den eine Fünfdollarnote abluchsen. – Dabei gibt es nichts Schöneres für Den als seine Fünfdollarnoten zu verschleudern – Er blüht dabei auf, er lebt dafür, er fährt drum als Seemann um die ganze Welt und arbeitet unter Deck als Mann für die Elektrik und schlimmer noch muß sich von Offizieren und Mannschaft beschimpfen lassen (nachts um vier liegt er schlafend in seiner Koje: «He Carpenter, bist du nun der Carpenter oder der Oberflaschenverkorker oder Scheißhauswärter, das verdammte Buglicht ist schon wieder im Eimer, ich weiß nicht wer hier mit einer Schleuder rumballert, und aber ich will das verdammte Licht repariert haben in 2 Stunden laufen wir in Penang ein und Himmel Herrgott wenn es dann immer noch dunkel ist und ich, und wir haben kein Licht dann sitzt du in der Scheiße nicht ich, also meld dich beim Alten») also muß Deni aufstehn, und ich seh ihn direkt vor mir wie er sich den Schlaf der Unschuldigen aus den Augen reibt und sich der kalten wüsten Welt gegenübersieht und sich wünscht er hätte ein Schwert um dem Mann den Kopf abzuschlagen aber gleichzeitig will er auch nicht den Rest seines Lebens im Gefängnis verbringen oder sich den eigenen Kopf halb abschlagen lassen und den Rest seines Lebens gelähmt sein und einen Schuhspanner im Genick tragen und sich von irgendwelchen Leuten die Bettschüssel unterschieben lassen, also kriecht er aus der Falle und läßt sich von diesen Schweinen herumkommandieren und anschreien und das bei tausend Anlässen bei tausendundeins elektrischen Apparaten in dem verfluchten stinkenden Stahlgefängnis denn darum handelt es sich nach meiner Meinung, und ich war auch auf hoher See, bei dem was sie ein Schiff nennen. – Was sind schon 5 Dollar für einen Märtyrer? – «Gib Gas, Mann, wir müssen diese Bahn erwischen.»

«Ich fahr schnell genug ihr erwischt sie schon.» Er fährt mitten durch Cucamonga. «Genau um 11:38 Uhr entweder 1947 oder

48, entweder oder, genau weiß ich das nicht mehr, aber ich weiß, ich hab das schon mal für einen Matrosen getan, vor 'n paar Jahren, und der fuhr damals genau durch –», und er redet immer weiter und nimmt etwas Gas weg, weil es ihn kränken würde, gerade noch über die Kreuzung zu kommen, bevor die Ampel auf Rot schaltet, und ich lehne mich zurück und sage:

«Das hätt noch vor Rot gereicht, jetzt schaffen wir's bestimmt nicht mehr.»

«Was soll das, Mann, wir schaffen's erst recht nicht, wenn uns eine Verkehrsstreife aufhält.»

«Wo solln die herkommen?» sag ich und gucke aus dem Fenster und suche im Morast der Nacht den ganzen Horizont ab, nach einem Bullen auf einem Motorrad oder einem Streifenwagen – überall nur Morast und weite schwarze Nacht und weit weg auf Hügeln die kleinen Orte mit rot und blau und grün schimmernden Weihnachtslichtern in den Fenstern, und plötzlich fühle ich mich im Innersten getroffen und denke: «O Amerika, so groß, so traurig, so schwarz, du bist wie die Blätter des trockenen Sommers die sich kräuseln noch ehe der August zu Ende, du bist ohne Hoffnung, jeder den du sieh dich nur an, da ist nichts als trockene trostlose Hoffnungslosigkeit, das Wissen vom nahenden Tod, die Leiden des gegenwärtigen Lebens, die Lichter der Weihnacht retten dich nicht und sie retten keinen, sowenig wie man einen welken Busch im August in der Nacht mit Weihnachtslichtern schmücken kann um ihm Glanz zu verleihen, was ist das für eine Weihnacht die du vertrittst in dieser Leere?... in diesem Nebeldunkel?»

«Das ist schon in Ordnung», sagt Deni. «Nur zu, wir werden es schaffen.» – Damit es besser aussieht, kommt er der nächsten Ampel zuvor, doch dann fährt er schon wieder langsamer, und die Schienen rauf und runter zeigt sich keine Spur vom Red Car, nicht von vorn und nicht von hinten, so was Blödes – er kommt an die Stelle wo er schon mal einen Matrosen abgesetzt hat, kein Red Car weit und breit, man spürt daß er weg ist, er ist gekommen und wieder weggefahren, Geruch von Leere – Man spürt die elektrische Stille an der Ecke und weiß, daß da etwas war & nicht mehr ist.

«Na ja ich hab ihn wohl verpaßt, so 'n Pech», sagte der Taxifahrer und schiebt den

Hut aus der Stirn wie um sich zu entschuldigen und sieht dabei verdammt scheinheilig aus, und so gibt ihm Deni fünf Dollar und wir steigen aus und Deni sagt:

«Kerouac das heißt wir müssen hier bei den kalten Schienen in der kalten nebligen Nacht eine Stunde lang auf den nächsten Zug nach L.A. warten.»

«Das macht nichts», sag ich, «wir haben ja Bier, mach schon mal eins auf», und Deni fischt die alte Kupferhebamme aus der Tasche und aus zwei Dosen spritzt Bier in die traurige Nacht und wir legen den Kopf zurück und schlürfen drauflos – jeder zwei Dosen und wir lesen Steine auf und zielen auf Verkehrsschilder, tanzen herum um uns warm zu halten, hocken uns hin und erzählen Witze, erinnern uns an die alten Zeiten, Deni läßt sein «Haia Wauu Huh» ertönen und wieder hör ich sein gewaltiges Lachen in der amerikanischen Nacht und ich möchte ihm klarmachen: «Deni der Grund weshalb ich dem Schiff über 5000 Kilometer von Staten Island bis ins verdammte Pedro nachgefahren bin ist nicht nur daß ich an Bord will um die ganze Welt zu sehen und in Port Swettenham einen draufzumachen und mich in Bombay mit Hasch einzudecken und die Penner und Flötenspieler im schmutzigen Karatschi zu finden und in der Altstadt von Kairo meine eigene Revolution anzuzetteln und von Marseille aus die Überfahrt zu schaffen, sondern weil ich das alles mit dir tun will, weil, da war früher so viel, wo wir, du und ich, es ist immer ein Riesenspaß mit dir Den, da geht kein Weg dran vorbei… Ich hab nie Geld das geb ich zu, schon schuld ich dir sechzig für die Busfahrkarte, aber du mußt zugeben ich versuch's immer wieder… Es tut mir leid daß ich nie Geld habe, aber du weißt ich hab's mit dir versucht, damals… Ach was, Scheiße Mann, oaahuu, heut laß ich mich vollaufen.» – Und Deni sagt: «Warum stehn wir eigentlich hier in der Kälte rum Jack, guck mal da rüber, da ist eine Kneipe» (der rötliche Schein eines Wirtshauses in der nebligen Nacht) «kann sein es ist eine mexikanische Pachuco-Bar und die brechen uns alle Knochen im Leib aber gehn wir doch rein und trinken ein paar Bier wir haben noch eine halbe Stunde… mal sehn, vielleicht hat's da auch ein paar Cucamongas», also gehn wir auf das Licht zu, über einen offenen Platz. Deni redet dabei pausenlos auf mich ein und erzählt mir daß ich mein Leben verpfuscht habe aber das muß ich mir dauernd anhören von Küste zu Küste und es juckt mich im allgemeinen nicht und es juckt mich auch heut nacht nicht und das ist meine Art irgendwas zu tun und zu sagen.

Ein paar Tage später sticht die *S. S. Roamer* ohne mich in See, weil sie mir im Gewerkschaftshaus keine Papiere geben wollten, mir fehlten die Mitgliedsjahre, ich müsse sagten sie nur ein paar Monate dableiben und im Hafen arbeiten oder so und warten bis ein Schiff die Küste hoch nach Seattle fährt und ich dachte mir: «Wenn ich schon Küsten entlangschippern soll, dann am liebsten runter nach Süden, das wollte ich schon immer.» – Ich seh also die Roamer aus der Pedro-Bucht gleiten, wieder bei Nacht, das rote Backbordlicht und das grüne Steuerbordlicht kriechen über das Wasser, begleitet vom gespenstischen Licht der Topplaternen, wapp! (das Pfeifsignal des kleinen Schleppers) – dann die ewig Gandharva-artigen illusions-und-Maya-artigen schwachen Lichtpunkte der Bullaugen wo ein Teil der Mannschaft in den

Kojen liegt und liest, während andere beim Essen in der Mannschaftsmesse sind und wieder andere eifrig Briefe schreiben, so wie Deni, der mir mit großem Füllfederhalter in roter Tinte versichert daß ich bei der nächsten Reise um die Welt an Bord der Roamer sein werde. – «Aber das ist mir doch gleich, ich geh nach Mexiko», sag ich und mach mich auf den Weg zum Pacific Red Car und winke noch einmal Denis Schiff nach das da draußen verschwindet...

Bei den verrückten Streichen, die wir nach dieser ersten von mir hier geschilderten Nacht gespielt hatten, trugen wir in der Weihnachtsnacht um drei Uhr morgens ein gewaltiges Exemplar einer Steppenhexe über den Landungssteg an Bord und schoben es in den Mannschaftsraum am Vordeck (wo alles schnarchte) und ließen es dort. – Als sie am nächsten Morgen aufwachten, glaubten sie, sie seien sonstwo, im Dschungel oder was, und alle legten sich wieder schlafen. – Als dann der Erste Maschinist brüllt: «Wer zum Teufel hat den Baum an Bord gebracht!» (drei auf drei Meter, eine mächtige Kugel aus trockenen Zweigen), hört man weit weg hinter und unter dem eisernen Herzen des

Schiffs Denis wildes Lachen: «Huu huu huu! *Wer zum Teufel hat den Baum an Bord gebracht!* Dieser Erste Maschinist ist ein richtiger Ko-homiker!»

New Yorker Szenen

Damals lebte meine Mutter allein in einer kleinen Wohnung in Jamaica auf Long Island, arbeitete in der Schuhfabrik, wartete darauf daß ich nach Hause kam um ihr Gesellschaft zu leisten und einmal im Monat Radio City mit ihr zu besuchen. Ein winziges Schlafzimmer wartete dort auf mich, saubere Wäsche im Schrank, saubere Leintücher auf dem Bett. Es war eine Erleichterung nach all den Schlafsäcken und Kojen und der Eisenbahnerde. Es war nur eine der vielen Gelegenheiten, bei denen sie es mir ihr ganzes Leben lang ermöglichte, zu Hause zu bleiben und zu schreiben.

Ich geb ihr immer ab was von meinem Lohn übrigbleibt. Ich genoß den regelmäßigen langen wohltuenden Schlaf, tagelange Meditationen im Haus, das Schreiben und die langen Spaziergänge im geliebten alten

Manhattan nur eine halbe Stunde U-Bahnfahrt entfernt. Ich durchstreifte die Straßen, die Brücken, Times Square, Cafeterias, die Ufergegenden, ich suchte alle meine Beatnik-Dichterfreunde auf und bummelte mit ihnen herum, ich hatte Liebesaffären im Village, und alles tat ich mit jener großen irren Freude die einen überkommt bei der Rückkehr nach New York City.

Ich habe gehört wie große singende Neger von der Stadt als «The Apple» geredet haben.

«Das also ist die Inselstadt der Manhattan, von Pieren rings umgürtet», sang Herman Melville.

«Rundum umspült von blitzenden Fluten», sang Thomas Wolfe.

Allenthalben ganze Panoramen New Yorks, von New Jersey aus, von Wolkenkratzern. –

Selbst von Bars aus, etwa einer Bar an der Third Avenue – 4 Uhr am Nachmittag all die Männer lärmen im erregten Durcheinander wo vor der Messingleiste der Bar klink bonk «wo willst'n hin?» die Gläser klingen – Oktober liegt in der Luft, in der Altweibersommersonne in der offenen Tür. – Zwei Verkäufer von der Madison Avenue die den ganzen Tag gearbeitet haben kommen herein, jung, gut gekleidet, korrekte Anzüge, Zigarren paffend, froh den Tag hinter sich und den Drink vor sich zu haben, marschieren Seite an Seite lächelnd herein aber an der lärmenden (Scheiße!) überfüllten Theke ist kein Platz und so stehen sie in der dritten Reihe dahinter und lächeln und reden. – Männer lieben Bars und gute Bars sollten geliebt werden. – Überall Geschäftsleute, Arbeiter, Finn MacCools der Zeit. – In schmutzigen Latzhosen altgraue Zecher und fröhliche Biertrinker. – Namenlose Lastwagen Busfahrer mit Taschenlampen in den Gürteltaschen – alte Bierschlucker mit müdem Gesicht heben traurig die blauroten Lippen zur glücklich trinkenden Decke. – Barkeeper sind schnell, zuvorkommend, an ihrer Arbeit ebenso interessiert wie an ihrer Kundschaft. – Wie Dublin nachmittags um halb fünf wenn die Arbeit getan ist, aber das hier ist New Yorks grandiose Third Avenue, das Essen ist umsonst, Gerüche der Straße übertönen den Fluß das Essen in der Straße voll Ruß und rasendem Verkehr vor der Tür, gitarrespielende Helden mit langen Koteletten da draußen auf hölzernen Türschwellen im trägen Nachmittag. – Aber es ist New York mit seinen Türmen die im Hintergrund aufragen, Stimmen prallen aufeinander vermischen sich im Reden und Klatschen und Tratschen bis der stille Zuhörer dazwischenfunkt – O Jack Fitzgerald Mighty Murphy wo bist du? – Halb kahle abgerissene Schaufler in blauen Hemden und ausgefransten Drillichhosen halten in den Fäusten funkelnde Gläser mit schaumgekröntem braunem Nachmittagsbier. – Die U-Bahn rumpelt unterm Boden als ein Mann mit Homburg und Weste aber ohne Jackett ein leitender Angestellter sein Gewicht vom rechten auf den linken Fuß verlagert dort vorn an der Messingleiste. – Ein Neger mit Hut, würdevoll, jung, Zeitung unterm Arm, verabschiedet sich an der Bar warm und väterlich über die Männer gebeugt – Fahrstuhlführer um die Ecke. – Und war es nicht hier wo Novak wie sie sagen der Immobilienmakler der immer bis in die Nacht hinein mit faltigem Gesicht arbeitete um anständig und reich zu werden der in seinem kleinen weißen Wurmloch der Nacht Berichte und Briefe tippte während Frau und Kinder zu Hause um elf Uhr abends verrückt werden –

ehrgeizig, besorgt, in einem kleinen Büro der Insel, unwürdig aber offen für jedes Geschäft und ganz am Anfang kann jedes Geschäft klein sein so wie der Ehrgeiz groß ist – wie viele Radieschen sieht er heute von unten? und seine Million hat er nie zusammengebracht, hatte nie einen Drink mit Bis Bald Mein Lieber und Ich Mag Dich Auch in dieser Bierbar am Spätnachmittag voller Männer die aufgeregt auf Hockern rumrutschen und an Fußleisten scharren mit Fersen und Sohlen in dieser Bierbar in New York? – Hat nie den Alten Zwicker zu sich gerufen und seiner grimmigen roten Nase einen Drink angeboten – nie gelacht und der Fliege seine Nase als Landeplatz überlassen – aber mitten in der Nacht ein Magengeschwür herangezogen um reich zu sein und seiner Familie das Beste zu bieten. – Und so ist nun der feinste amerikanische Rasen sein Leichentuch, hergestellt von einem englischen Vollmondgesicht oben an der Hudson Bay und von einem Anstreicher in weißen Overalls (schweigend) heruntergekarrt um seine einst modellierte Gestalt zu halten und einzurahmen, und laßt die Würmer ran! Also noch ein Bier, ihr Zecher – Üble Säufer! Liebhaber!

Meine Freunde und ich in New York City, wir haben unsere besondere Art uns zu amüsieren ohne viel Geld ausgeben zu müssen und was am wichtigsten ist ohne uns auf langweilige Förmlichkeiten einlassen zu müssen und beispielsweise ein paar fröhliche Stunden auf dem Großen Ball des Bürgermeisters zu verbringen. – Wir brauchen keine Hände zu schütteln und wir brauchen keine Termine einzuhalten und wir fühlen uns wohl. – Wir bummeln irgendwie durch die Gegend, ähnlich wie Kinder. – Wir tauchen auf Parties auf und erzählen jedem was wir getrieben haben und die Leute glauben wir geben an. – Sie sagen: «O seht nur diese Beatniks!»

Hier ist ein typisches Beispiel, wie Sie einen Abend verbringen können: –

Wenn Sie an der 42. Straße aus der Seventh-Avenue-U-Bahn steigen, kommen Sie an dem Lokus vorbei, der so heruntergekommen ist wie kein zweiter in New York – man weiß vorher nie ob er offen ist oder nicht, gewöhnlich hängt eine große Kette davor, Lokus außer Betrieb, oder aber draußen schleicht ein weißhaariges verfaulendes Monster herum, ein Lokus an dem alle sieben

Millionen Einwohner New Yorks irgendwann einmal vorbeigegangen sind und von dem sie zurückhaltend Notiz genommen haben – vorbei an dem neuen Hamburgerstand an dem mit Holzkohle gegrillt wird, den Bibelkiosken, an Musikautomaten mit Opernmusik und einem schäbigen Untergrundladen mit gebrauchten Magazinen neben einem Laden mit Erdnußleckereien wo es nach U-Bahn-Arkaden riecht – hier und da ein gebrauchtes Exemplar des alten Barden Plotin eingeschmuggelt in Überbleibsel von Sammlungen alter Lehrbücher aus dem Deutschunterricht – wo sie lange jämmerlich aussehende Hot Dogs verkaufen (nein, sie sehen wirklich recht gut aus, vor allem wenn du keine 15 Cents hast und in Bickfords Cafeteria nach irgendeinem suchst der mit den Kohlen rüberkommt) (dir mit etwas Geld aushelfen kann). –

Wenn du diese Treppe raufkommst, stehen die Leute da Stunde um Stunde triefend im Regen, mit vollgesaugten Regenschirmen – eine Menge junger Burschen in Jeans die sich davor fürchten zum Militär zu gehen stehen da mitten auf der Treppe auf den eisernen Stufen und warten auf weiß Gott was, unter ihnen gewiß einige frisch aus Oklahoma zugereiste romantische Helden mit dem Ehrgeiz, schmachtend in den Armen irgendeiner unberechenbaren sexy jungen Blondine in einem Penthouse auf dem Empire State Building zu landen – einige von ihnen stehen wahrscheinlich da und träumen davon das Empire State Building aufgrund irgendeines magischen Zaubers zu besitzen, die Folge eines Traumes an einem kleinen Bach in den Hinterwäldern neben einem schäbigen alten Haus am Rande von Texarkana. – Sie schämen sich davor gesehen zu werden wie sie in den Pornofilm (wie heißt er doch gleich?) gehen der im Kino gegenüber der *New York Times* läuft – Vorbeistreichende Löwen und Tiger, wie Tom Wolfe gern von bestimmten Typen sagte, die sich an dieser Ecke rumdrückten. –

An diesen Zigarrenladen gelehnt und vor dir eine Menge Telefonzellen an der Ecke 42. Straße und Seventh Avenue wo du herrlich telefonieren und dabei auf die Straße hinaussehen kannst und es wird richtig gemütlich da drin wenn's draußen regnet und du dehnst dein Telefongespräch in die Länge, wen findest du da? Basketballteams? Basketballcoaches? All die Typen von der Rollschuhbahn tauchen dort auf? Schon wieder die jungen Draufgänger aus der Bronx, die irgendwo nach Action suchen, sich aber in Wirklichkeit nach einem romantischen Abenteuer sehnen? Merkwürdige Mädchenduos die aus Pornofilmen kommen? Habt ihr die schon mal gesehen? Oder benommene betrunkene grauwerdende Büromenschen die, den Hut ins Genick geschoben, wie erstarrt nach oben auf die flimmernden Zeichen am Times-Gebäude glotzen, gewaltige durchlaufende Sätze über Chruschtschow, Aufzählungen asiatischer Völker in glitzernder Glühbirnenschrift, und am Ende eines Satzes immer fünfhundert Punkte. – Plötzlich taucht an der Ecke ein psychopathisch besorgter Polizist auf und sagt allen sie sollen weitergehen. – Das ist der Mittelpunkt der großartigsten Stadt die die Welt je gekannt hat und das ist es was Beatniks hier tun. – «An der Straßenecke zu stehen und auf keinen zu warten, das ist Power», spricht der Dichter Gregory Corso.

Anstatt Nachtklubs aufzusuchen – wenn du überhaupt in der Lage bist dich in der Nachtklubszene umzusehen (die meisten

Beatniks klopfen auf leere Taschen wenn sie am Birdland vorbeigehen) – wie seltsam ist es da doch, auf dem Gehweg zu stehen und etwa diesen merkwürdigen Exzentriker aus der Second Avenue zu beobachten der wie Napoleon aussieht und im Vorbeigehen die Brosamen in seiner Tasche betastet, oder ein fünfzehnjähriges Bürschchen mit einem frechen Gesicht, oder die Baseballmütze die plötzlich vorbeihuscht (denn mehr siehst du von dem Typ nicht), und schließlich eine alte Dame mit sieben Hüten und einem langen schäbigen Pelzmantel an einem Abend mitten im Juli, unterm Arm eine riesige russische Wolltasche gefüllt mit vollgekritzelten Papierschnitzeln auf denen steht «Festspiel-Stiftung e. V., 70000 Bazillen» und Motten fliegen aus ihrem Ärmel – sie kommt angestürmt und fällt Shriners zur Last. Und Seesack-Soldaten ohne einen Krieg – Harmonikaspieler aus Güterzügen heraus. – Natürlich gibt es daneben die normalen New Yorker, die lächerlich fehl am Platz wirken und so wunderlich wie ihre eigene ordentliche Wunderlichkeit, wenn sie mit ihren Pizzas und den *Daily News* kahlen Kellerwohnungen oder Pennsylvania-Zügen zustreben – W. H. Auden persönlich sieht man vielleicht im Regen umhertappen – Paul Bowles, in einem schmukken Anzug aus Dacron, von einer Marokkoreise zurück und nur kurz in der Stadt, der Geist Herman Melvilles persönlich gefolgt von Bartleby dem Wall-Street-Schreiber und Pierre dem doppeldeutigen Hipster von 1848 auf einem Spaziergang durch die Stadt – um zu sehen was die Kurznachrichten der *Times* bringen – Gehen wir zurück zum Zeitungsstand an der Ecke. – NEUER VORSTOSS IN DEN WELTRAUM... PAPST WÄSCHT ARMEN DIE FÜSSE...

Gehen wir über die Straße zu Grant's, wo wir besonders gern essen. Für 65 Cents bekommt man da einen großen Teller gebratener Muscheln, eine Menge Pommes frites, eine kleine Portion Krautsalat, etwas Tatarsoße, eine Schälchen roter Fischsoße, eine Zitronenscheibe, zwei Scheiben frisches Roggenbrot, ein Stück Butter, und für zusätzliche 10 Cents bekommt man ein Glas kostbaren Birkenmet. – Was für ein Fest ist eine solche Mahlzeit! Eine Völkerwanderung von Spaniern, die ihre Hot Dogs mampfen, im Stehen, an mächtige Senftöpfe gelehnt. – Zehn verschiedene Theken mit verschiedenen Spezialitäten. – 10-Cent-Käsesandwiches, zwei Bars für die Offenbarung, o ja und große gleichgültige Barkeeper. – Und Bullen die im Hintergrund stehen und ihre kostenlosen Mahlzeiten essen – betrunkene Saxophonspieler die ständig am Einnicken sind – einsame würdevolle Lumpensammler von der Hudson Street die ihre Suppe löffeln ohne mit irgend jemand ein Wort zu wechseln, mit schwarzen Fingern, ach. – Zwanzigtausend Kunden am Tag – fünfzigtausend an Regentagen – einhunderttausend wenn's schneit. – Betrieb läuft nächtlich vierundzwanzig Stunden. Ungestörtheit – in höchstem Maße unter einem grellen roten Licht voller Gespräche. – Toulouse-Lautrec, mit seiner Mißbildung und seinem Stock, beim Skizzieren in der Ecke. Du kannst dich hier fünf Minuten aufhalten und dein Essen runterschlingen, oder du bleibst stundenlang da und führst irre philosophische Gespräche mit deinem Kumpel und staunst über die Leute. – «Essen wir noch einen Hot Dog bevor wir ins Kino gehen!» und es ist so faszinierend da drin daß du nie ins Kino kommst, denn es ist besser als jeder Film über Doris Day auf Hochzeitsreise in der Karibik.

«Was tun wir aber heut abend? Marty würde ja ins Kino gehen aber wir wollen uns ein bißchen Junk beschaffen. – Gehn wir doch runter zum Automatenrestaurant.»

«Augenblick noch, ich muß mir auf einem Hydranten die Schuhe putzen.»

«Möchtest du dich im Zerrspiegel sehen?»

«Willst du vier Aufnahmen für einen Vierteldollar machen? Wir leben schließlich in der ewigen Szene. Wir können dann später das Bild anschauen und uns erinnern, als weise alte weißhaarige Thoreaus in Waldhütten.»

«Ach, die Zerrspiegel sind weg, früher hatten die hier immer diese Spiegel.»

«Und wie wär's mit einem kurzen Lachfilm?»

«Die gibt's auch nicht mehr.»

«Bleibt immer noch der Flohzirkus.»

«Gibt's eigentlich noch die Tanzmädchen?»

«Das Varieté ist schon vor Jahrtausenden gestorben.»

«Solln wir zum Automatenrestaurant runter und den alten Damen beim Bohnenessen zugucken, oder den Taubstummen die dort vorm Fenster stehen und du guckst ihnen zu und versuchst die unsichtbare Sprache rauszubekommen die vor dem Fenster hin- und herfliegt, von Gesicht zu Gesicht und von Finger zu Finger...? Warum kommt einem Times Square immer vor wie ein großes Zimmer?»

Auf der anderen Straßenseite ist Bickford's, genau in der Mitte des Blocks unter der Markise des Apollo-Kinos und unmittelbar neben einem kleinen Buchladen der sich auf Havelock Ellis und Rabelais spezialisiert hat und in dessen Bücherkisten Tausende von Sexbesessenen stöbern. – Bickford's ist die größte Bühne am Times Square – viele Leute haben sich dort jahrelang herumgedrückt, Alte und Junge die Gott allein weiß wonach suchen, vielleicht nach einem Engel vom Times Square der dieses ganze große Zimmer zu einem Zuhause machen könnte, zu einer echten Heimstätte – die Zivilisation hat's nötig. – Was tut Times Square dort überhaupt? Warum also nicht das Beste daraus machen. – Großartigste Stadt, die die Welt je gesehen hat. – Haben sie einen Times Square auf dem Mars? Was würde der Blob am Times Square machen? Oder der heilige Franz?

Ein Mädchen steigt im Port Authority Terminal aus einem Bus und geht in Bickford's, chinesisches Mädchen, rote Schuhe, setzt sich mit einer Tasse Kaffee hin, sucht nach Daddy.

Es gibt um den Times Square herum eine große Zahl von nicht fest ansässigen Leuten, die Bickford's schon immer zu ihrem Hauptquartier gemacht haben, Tag und Nacht. In den alten Tagen der Beat-Generation gingen dort einige Dichter ein und aus um den berühmten «Hunkey» zu treffen der immer mit einem übergroßen schwarzen Regenmantel und einer Zigarettenspitze erschien und nach jemandem suchte dem er einen Pfandschein andrehen konnte – Remington-Schreibmaschine, Kofferradio, schwarzer Regenmantel – um an ein paar Kröten zu kommen (sich etwas Geld zu beschaffen) damit er aus Manhattan rausfahren und sich mit den Bullen oder einem seiner Jungs anlegen konnte. Es kamen auch immer wieder viele der doofen Gangster aus der Eighth Avenue herein – und vielleicht tun sie's heute noch – die aus den frühen Tagen sind alle im Knast oder tot. Heute gehen die Dichter nur noch dorthin um eine Friedenspfeife zu rauchen, sie suchen nach dem Geist Hunkeys oder seiner Jungs und sitzen träumend vor den schwindenden Tassen Tee.

Für die Beatniks ist wichtig daß man dort wenn man jeden Abend hinging und dablieb ganz allein eine ganze Dostojewski-Saison eröffnen und all die mitternächtlichen Zeitungsverkäufer mit all ihren Schwierigkeiten und Familien und Sorgen kennenlernen konnte – religiöse Fanatiker die einen mit nach Hause nahmen um dann am Küchentisch lange Predigten über die «neue Apokalypse» und ähnliche Ideen zu halten: – «Mein Baptistenpfarrer daheim in Winston-Salem sagte mir weshalb Gott das Fernsehen erfunden hat: wenn nämlich Christus zur Erde zurückkehrt werden sie ihn in aller Öffentlichkeit hier auf den Straßen in diesem Babylon kreuzigen und Fernsehkameras werden alles festhalten und die Straßen werden voller Blut sein und aller Augen werden es sehen.»

Bist du immer noch hungrig, gehst du runter in die Cafeteria Oriental – ebenfalls ein «beliebtes Eßlokal» – eine Spur Nachtleben – billig – im Untergeschoß gegenüber dem monolithischen Busbahnhof der Port Authority in der 40. Straße und ißt große fettige Lammköpfe mit griechischem Reis für 90 Cents. – Orientalische Zickzackmelodien aus dem Musikautomaten.

Kommt drauf an wie sehr du inzwischen angetörnt bist – angenommen du hast dich an einer der Straßenecken versorgt – sagen wir 42. Straße und Eighth Avenue, bei Whelan's dem großen Drug Store, auch eine der einsamen stark besuchten Ecken wo du Leute kennenlernen kannst – Negerhuren, Damen die sich in einer Benzedrin-Psychose mühsam dahinschleppen. – Auf der anderen Straßenseite kannst du New Yorks Ruinen entstehen sehen – das Globe Hotel wird dort abgerissen, eine Zahnlücke direkt an der 44. Straße – und das grüne McGraw-Hill-Gebäude ragt dahinter in den Himmel, höher als du glauben kannst – allein ganz für sich da unten zum Hudson River hin wo Frachtschiffe im Regen auf Kalkstein aus Montevideo warten. –

Eigentlich Zeit zum Heimgehen. Es wird langsam alt. – Oder: «Sehn wir uns im Village um oder gehn wir zur Lower East Side und hören Symphony Sid im Radio – oder spielen unsere indischen Platten – und essen große tote puertorikanische Steaks – oder Lunge, mal sehn ob Bruno in Brooklyn wieder Autoverdecks aufgeschlitzt hat – obwohl Bruno ja zahmer geworden ist, vielleicht hat er ein neues Gedicht geschrieben.»

Oder wir sehen fern. Nachtleben – Oscar Levant der in der Jack-Paar-Show über seine Melancholie redet.

Im Five Spot an der Ecke 25th Street und Bowery spielt manchmal Thelonious Monk am Piano und du gehst also dorthin. Wenn du den Besitzer kennst setzt du dich ohne Eintritt mit einem Bier an einen Tisch, wenn du ihn aber nicht kennst kannst du dich reinschleichen und dich neben den Ventilator stellen und zuhören. Immer voll an Wochenenden. Monk überlegt mit tödlicher Abstraktion, klonk, und macht eine Aussage, sein riesiger Fuß klopft zart gegen den Boden, der Kopf ist zur Seite gedreht, horcht, schlüpft ins Klavier.

Lester Young spielte dort kurz bevor er starb und saß immer in den Pausen hinten in der Küche. Mein Kumpan der Dichter Allen Ginsberg ging nach hinten und kniete sich hin und fragte ihn, was er tun würde, wenn eine Atombombe auf New York fiele. Lester sagte, er würde bei Tiffany's das Schaufenster einschlagen und sich wenigstens noch ein paar Juwelen angeln. Er sagte auch: «Was solln das, auf den Knien?» denn er ahnte nicht daß er ein großer Held der Beat-Generation ist, und nun im Tod verehrt. Das Five Spot ist ziemlich düster, hat sonderbare Kellner, immer gute Musik, manchmal läßt John «Train» Coltrane die harten Töne aus seinem großen Tenorsaxophon auf das ganze Lokal niederregnen. An Wochenenden drängen sich im Five Spot Scharen gut gekleideter Leute von Upper Manhattan und unterhalten sich pausenlos – keiner stört sich daran.

Doch ach ein paar Stunden im ägyptischen Park in Chelsea an der Lower West Side voll griechischer Restaurants. – Ouzo, griechischer Likör, und schöne Mädchen im Glitzerschmuck und perlenbestickten BHs beim Bauchtanz, die unvergleichliche Zara am Boden mit geheimnisvollen Schlangenbewegungen zu den Flöten und Tingtang-Rhythmen Griechenlands – wenn sie nicht tanzt, sitzt sie unter den Männern in der Kapelle und klatscht sich ein Tamburin gegen den Bauch, Träume in den Augen. – Ganze Menschenmengen, allem Anschein nach Paare aus den

Randgebieten der Stadt, sitzen an den Tischen und beklatschen die beherrschende orientalische Idee. – Wenn du zu spät kommst, findest du nur noch einen Stehplatz an der Wand.

Du willst tanzen? Da ist die Garden-Bar an der Third Avenue wo du im dunklen Hinterzimmer zu einem Musikautomaten fantastische ausladende Tänze hinlegen kannst, billig, der Kellner hat nichts dagegen.

Du willst einfach reden? Da ist die Cedar-Bar am University Place wo all die Maler rumsitzen und ein 16jähriger Junge der dort an einem Nachmittag aus einem spanischen Weinschlauch Rotwein in die Münder seiner Freunde spritzen wollte und einfach nicht traf…

Die Nachtklubs in Greenwich Village, bekannte Namen wie das Half Note, das Village Vanguard, das Café Bohemia, das Village Gate, bieten ebenfalls Jazz (Lee Konitz, J. J. Johnson, Miles Davis), aber du brauchst maßlos viel Geld und das schlimmste ist noch nicht mal daß du maßlos viel Geld brauchst sondern die traurige kommerzielle Atmosphäre macht den Jazz kaputt und der Jazz macht sich dort *selbst* kaputt, denn der Jazz gehört in offene fröhliche billige Bierkneipen, so wie am Anfang.

In der Dachwohnung eines Malers läuft eine große Party, ein wilder lauter Flamenco ist aufgelegt, die Mädchen sind plötzlich nur noch Hüften und Fersen und Leute versuchen zwischen ihren fliegenden Haaren zu tanzen. Männer drehen durch und fangen an Tänzer zu rempeln, Schuhe segeln durch das Zimmer, Männer packen Männer um die Knie und heben sie drei Meter vom Boden ab und verlieren das Gleichgewicht und niemand tut sich weh, blonk. – Mädchen balancieren mit den Händen auf Männerknien, ihre Röcke fallen und enthüllen Rüschen an ihren Schenkeln. – Schließlich ziehen sich alle an und gehen nach Hause und der Gastgeber sagt benommen: – «Ihr seht alle so *ehrbar* aus.»

Oder jemand hatte gerade eine Premiere, oder im Living Theater gibt's eine Dichterlesung, oder im Gaslight Café, oder in der Seven Arts Coffee Gallery, oben in der Nähe des Times Square (Ecke Ninth Avenue und 43. Straße, ein erstaunlicher Ort) (beginnt freitags um Mitternacht), wo anschließend alle hinausstürzen um in die alte wilde Bar zu kommen. – Oder aber eine riesige Party bei Leroi Jones – er hat eine neue Nummer des Yugen Magazine fertig, von ihm selbst auf einer wunderlichen kleinen Maschine gedruckt und jedermanns Gedichte stehen drin, von San Francisco bis Gloucester in Massachusetts, und kostet nur 50 Cents. – Historischer Verleger, heimlicher Hipster dieses Gewerbes. – Leroi hat Parties langsam satt, alle ziehen immer ihr Hemd aus und tanzen herum, drei sentimentale Mädchen schmachten den Dichter Raymond Bremser an, mein Kumpel Gregory Corso debattiert mit einem Reporter der New Yorker *Post:* «Aber Sie haben doch keine Ahnung von Känguruhtränen! Entsagen Sie Ihrem Beruf! Fliehen Sie auf die Enchenedischen Inseln!»

Hauen wir hier ab, es wird zu literarisch. – Betrinken wir uns doch unten an der Bowery oder essen diese langen Nudeln und Tee in Gläsern bei Hong Pat's in Chinatown. – Wozu essen wir eigentlich die ganze Zeit? Gehen wir doch über die Brooklyn Bridge um uns neuen Appetit zu holen. – Wie wär's mit etwas Gumbo in der Sands Street?

Es ist der Schatten von Hart Crane!

«Machen wir uns doch auf die Suche nach Don Joseph!»

«Wer ist Don Joseph?»

Don Joseph ist ein fantastischer Kornettist der im Village umherzieht mit seinem kleinen Schnurrbart und lose herabhängenden Armen und in einer Hand das Kornett, das knirscht wenn er leise spielt, nein wispert, der größte lieblichste Kornettsound seit Bix und noch einiges mehr. – Er steht in der Bar am Musikautomaten und spielt für ein Bier die Musik mit. – Er sieht aus wie ein attraktiver Filmschauspieler. – Er ist der große fantastische faszinierende heimliche Bobby Hackett der Jazzwelt.

Und was ist mit diesem Typ Tony Fruscella der mit gekreuzten Beinen auf dem Teppich sitzt und auf seiner Trompete Bach spielt, nach dem Gehör, und später in der Nacht ist er bei den Jungs und mischt in einer Session mit, spielt modernen Jazz –

Oder George Jones das heimliche Bowery-Gespenst der ein fantastisches Tenorsaxophon bläst, im Morgengrauen in Parks zusammen mit Charley Mariano, rein zum Vergnügen, denn sie lieben Jazz, und das eine Mal spielten sie frühmorgens unten am Wasser eine ganze Session und dieser Typ schlug mit einem Stecken den Takt gegen die Hafenmauer.

Wenn wir schon von Bowery-Gespenstern reden, was ist mit Charley Mills der mit Pennern die Straße hinuntergeht und seine Flasche Wein austrinkt und in der Zwölftonreihe singt.

«Besuchen wir doch die seltsamen großen geheimnisvollen Maler Amerikas und diskutieren mit ihnen ihre Gemälde und ihre Visionen – Iris Brodie mit ihren zarten fahlen byzantinischen Filigranjungfrauen –»

«Oder Miles Forst und seinen schwarzen Stier in der orangenen Höhle.»

«Oder Franz Klein und seine Spinnweben.»

«Seine verfluchten Spinnweben!»

«Oder Willem de Kooning und sein Weiß.»

«Oder Robert De Niro.»

«Oder Dody Muller und ihre Verkündigungen in zwei Meter hohen Blumen.»

«Oder Al Leslie und seine gewaltigen Fußbilder.»

«Al Leslies Riese schläft im Paramount-Gebäude.»

Es gibt da noch einen großen Maler, er heißt Bill Heine, er ist ein wirklich geheimnisvoller unterirdischer Maler der mit all diesen seltsamen neuen Typen in Cafés in der East Tenth Street hockt die überhaupt nicht wie Cafés aussehen sondern eher wie die Läden in den Kellergeschossen der Henry Street die gebrauchte Kleider verkaufen nur daß du bei den Cafés eine afrikanische Skulptur oder eine Skulptur von Mary Frank über der Tür siehst und drinnen auf dem Hifi-Gerät spielen sie Frescobaldi.

Komm wir gehn ins Village zurück und stellen uns an die Ecke Eighth Street und Sixth Avenue und sehen zu wie die Intellektuellen vorbeigehen. – AP-Reporter wanken heimwärts zu ihren Kellerwohnungen am Washington Square, Leitartiklerinnen mit riesigen deutschen Schäferhunden die an ihren Ketten zerren, flüchtige Eindrücke von einsamen Lesben, unbekannte Sherlock-Holmes-Experten mit blauen Fingernägeln gehen auf ihr Zimmer um Scopolamin zu nehmen, ein vom Muskelkater geplagter junger Mann in einem billigen grauen deutschen Anzug erklärt seiner fetten Freundin irgend etwas

Merkwürdiges, große Chefredakteure lehnen höflich am Zeitungsstand und kaufen die frühe Ausgabe der *Times,* große dicke Möbelpacker aus Charlie-Chaplin-Filmen aus dem Jahr 1910 kommen mit großen Tüten voller Chop Suey nach Hause (genug zu essen für jeden), Picassos melancholischer Harlekin nun Besitzer eines Buchbinderladens mit Druckerei ist in Gedanken bei seiner Frau und seinem neugeborenen Kind und hebt die Hand für ein Taxi, rundliche Tontechniker huschen in Pelzmützen vorbei, junge Künstlerinnen von der Columbia oben mit Problemen à la D. H. Lawrence lesen 50jährige Männer auf, alte Männer im Kettle of Fish, und die düstere hoch aufragende Silhouette des New Yorker Frauengefängnisses in Schweigen gepackt wie die Nacht selbst – im Sonnenuntergang sehen die Fenster aus wie Orangen – der Dichter e. e. cummings kauft sich ein Päckchen Hustenbonbons im Schatten dieses unförmigen Ungeheuers. – Wenn's regnet kannst du dich unter die Markise vor Howard Johnson's stellen und von der gegenüberliegenden Seite aus die Straße beobachten.

Der Beatnik-Engel Peter Orlovsky ist fünf

Häuser weiter im Supermarkt und kauft Uneeda-Kekse (am späten Freitagabend), Eiskrem, Kaviar, Schinken, Salzbrezeln, Sodawasser, den *TV-Guide,* Vaselin, drei Zahnbürsten, Schokoladenmilch (mit Träumen von einem knusprigen Spanferkel), kauft frische Kartoffeln aus Idaho, Rosinenbrot, wurmigen Kohl aus Versehen und frisch aussehende Tomaten und kassiert seine Rabattmarken. – Dann geht er nach Hause, pleite, schüttet alles auf den Tisch, zieht ein großes Buch mit Majakowski-Gedichten aus dem Regal, schaltet den Horrorfilm in seinem Fernseher Baujahr 1949 ein und schläft ein.

Und das ist das Nachtleben der Beats in New York.

Allein auf einem Berggipfel

Nach diesem ganzen Trara (und da war noch mehr) kam ich an einen Punkt, wo ich Einsamkeit brauchte, wo ich diese Maschine anhalten mußte, um nicht mehr zu «denken» und das was sie «Leben» nennen nicht mehr zu «genießen», ich wollte mich einfach ins Gras legen und in die Wolken sehen –

Es heißt auch in einer alten Schrift: – «Weisheit läßt sich nur aus der Sicht des Einsamen erlangen.»

Und ich hatte sie ohnehin gründlich satt, die ganzen Schiffe und Eisenbahnen und Times Squares aller Zeiten –

Ich bewarb mich beim US-Landwirtschaftsministerium um einen Job als Brandwache im Mount-Baker-Nationalforst im Kaskadengebirge im Grandiosen Nordwesten.

Allein schon wenn ich diese Worte ansah

überkam mich ein Zittern bei der Vorstellung von kühlen Kiefern an einem morgendlichen See.

Und so schlug ich mich nach Seattle durch, fünftausend Kilometer weit weg von der Hitze und dem Staub der Ostküstenstädte im Juni.

Jeder der in Seattle gewesen ist und den Alaskan Way, die alte Straße am Wasser, ausgelassen hat, hat die Hauptsache verpaßt – die Totempfahlläden, das Plätschern der Wellen aus dem Pugetsund unter den alten Pieren, der finstere düstere Eindruck der alten Lagerhäuser und Hafenschuppen und die ältesten Lokomotiven in ganz Amerika die Güterwagen auf dem Hafengelände hin und her schieben, das alles gibt einem unter dem reinen von Wolken blank gefegten funkelnden Himmel des Nordwestens eine erste Ahnung von der großartigen Landschaft die einen erwartet. Die Fahrt auf dem Highway 99 von Seattle nach Norden ist ein erregendes Erlebnis denn plötzlich siehst du das Kaskadengebirge am nordöstlichen Horizont aufsteigen, wahrhaft *Komo Kulsham* unter den zahllosen Schneeschichten. – Die großen Gipfel mit einem unberührten Weiß überzogen, Welten voll gewaltiger Felsen, verdreht und aufeinandergehäuft und manchmal fast spiralig gewunden, so daß fantastische unglaubliche Formen entstehen.

All das siehst du hoch über den träumenden Wiesen in den Tälern des Stilaquamish und des Skagit, landwirtschaftlich genutzte Flächen von einem friedlichen Grün, der Boden so fett und dunkel daß die Bewohner dort stolz von ihm sagen er werde an Fruchtbarkeit nur vom Nil übertroffen. In Milltown rollt dein Wagen auf einer Brücke über den Skagit River. – Zur Linken – westlich, zur See hin – fließt der Skagit in die Skagit Bay und den Pazifischen Ozean. – In Burlington biegst du rechts ab und steuerst das Herz der Berge an, auf einer ländlichen Talstraße geht es weiter durch verschlafene kleine Orte und einen geschäftigen Marktflecken für die Farmer der Umgebung, Sedro-Woolley heißt dieser Ort wo Hunderte von Autos schräg an einer für einen ländlichen Ort typischen Hauptstraße parken und überall Eisenwarengeschäfte, Samen- und Futterhandlungen und Kramläden. – Tiefer drin in dem tiefer werdenden Tal reichen die dicht bewaldeten steilen Abhänge bis an die Straße heran, der schmaler werdende Fluß fließt hier schneller zu Tal, ein reines durchscheinendes Grün wie das Grün des Ozeans an einem Wolkentag doch ein salzloser Strom aus geschmolzenem Schnee von den hohen Kaskadenbergen herab – nördlich von Marblemount fast so gut wie Trinkwasser. – Immer enger werden die Kurven, bis du schließlich Concrete erreichst, den letzten Ort im Tal des Skagit mit einer Bank und einem Kramladen – danach sind die Berge die heimlich hinter Ausläufern ansteigen so nahe daß du sie nicht mehr siehst sondern anfängst sie immer stärker zu spüren.

In Marblemount ist der Fluß ein reißender Bach, das Werk der stillen Berge. – Umgestürzte Baumstämme am Wasser bieten gute Sitzplätze und lassen dich ein Wildbachwunderland genießen, Blätter die im sauberen guten Nordwestwind schwanken scheinen voller Freude, die höchsten Bäume auf bewaldeten Gipfeln in der Nähe werden von niedrig fliegenden Wolken gestreift und verwischt und scheinen zufrieden. – Die Wolken nehmen die Gesichter von Einsiedlern oder von Nonnen an oder sehen manchmal aus wie die traurigen Dressurakte von Hunden die dann hinter den Kulissen am Horizont verschwinden. – Baumstümpfe zappeln und glucksen im heftigen Auf und Ab des Stromes. – Baumstämme schießen mit dreißig Kilometern in der Stunde vorbei. In der Luft hängt der Duft von Kiefern und Sägemehl und Rinde und Schlamm und Ästen – Vögel flitzen über das Wasser und suchen nach verborgenen Fischen.

Wenn man bei Marblemount über die Brücke fährt und weiter nach Norden Richtung Newhalem, wird die Straße immer schmaler und kurvenreicher bis schließlich der Skagit zu sehen ist wie er sich schäumend über Felsen stürzt, und kleine Bäche kommen steile Abhänge heruntergeschossen und verstärken den Skagit. – Ringsum erheben sich die Berge, nur ihre Schultern und Rippen sind sichtbar, ihre Köpfe nun schneebedeckt sind außer Sichtweite.

Bei Newhalem hüllen umfangreiche Straßenbauarbeiten die Baracken und Planierraupen und Lastwagen in eine Wolke aus Staub, der Damm hier ist der erste in einer ganzen Reihe, die den Skagit bändigen und den gesamten Strom für Seattle liefern.

Die Straße endet in Diablo, einer friedlichen Siedlung mit hübschen Landhäusern und grünen Rasenflächen, dicht zusammengedrängt zwischen einer Reihe von Berggipfeln mit Namen wie Pyramid und Colonial und Davis. – Von hier bringt einen ein gewaltiger Lift dreihundert Meter nach oben zum Diablo-See und zum Diablo-Damm. – Über den Damm donnern Wassermassen von denen ein vereinzelter Baumstamm wie ein Zahnstocher in einem gewaltigen Bogen ein paar hundert Meter weit hinaus geschleudert werden könnte. – Hier bist du erstmals hoch genug um die Kaskadenberge wirklich sehen zu können. Lichtfluten im Norden lassen erkennen wo sich der Ross-See lang hinzieht, bis nach Kanada hinein, und einen Blick auf den Mount-Baker-Nationalforst freigibt wie ihn auch die Rockies in Colorado nicht spektakulärer bieten können.

Das Schiff der Seattle City Light and Power verkehrt nach einem festen Fahrplan und fährt von einem kleinen Pier beim Diablo-Damm nach Norden zwischen steilen bewaldeten felsigen Abhängen hindurch zum Ross-Damm, eine Fahrt von etwa einer halben Stunde. Die Passagiere sind Angestellte des Kraftwerks, Jäger und Fischer und Waldarbeiter. Unterhalb des Ross-Damms geht es dann zu Fuß weiter – man muß auf einem felsigen Weg aufsteigen um zu dem ungefähr dreihundert Meter höher liegenden Damm zu kommen. Hier geht der große See in die Breite und man erkennt kleine Landungsbrücken wo Urlaubern Zimmer und Boote angeboten werden und gleich dahinter liegen dann die Flöße der US-Forstverwaltung. Von dort aus kann man, falls man das Glück hat reich zu sein oder als Brandwache für die Forstverwaltung zu arbeiten, per Pferd und Maultier in das menschenleere Gebiet der nördlichen Kaskadenkette verfrachtet werden und dort einen Sommer in vollkommener Einsamkeit zubringen.

Ich war eine Brandwache und nachdem ich zwei Nächte lang versucht hatte auf den heftig schaukelnden Flößen der Forstverwaltung zu schlafen holten sie mich an einem verregneten Vormittag ab – ein kräftiger Schlepper vor einem großen Transportfloß mit vier Maultieren und drei Pferden, meinen eigenen Lebensmitteln, Futter für die Tiere, Batterien und verschiedenen Gerätschaften. – Der Maultiertreiber hieß Andy und trug denselben alten Cowboy-Schlapphut den er schon zwanzig Jahre vorher in Wyoming getragen hatte. «Also, mein Junge, wir bringen dich jetzt da raus, wo wir dich nachher nicht mehr erreichen, stell dich schon mal drauf ein.»

«Genau das will ich ja, Andy, drei Monate völlig allein sein, von keinem gestört.»

«Das sagst du jetzt, aber in einer Woche denkst du bestimmt anders.»

Ich glaubte ihm nicht. – Ich freute mich auf eine Erfahrung, die sich Menschen in dieser modernen Welt nur selten verschaffen: vollkommene und wohltuende Einsamkeit in der Wildnis, Tag und Nacht, exakt dreiundsechzig Tage und Nächte. Wir hatten keine Ahnung wieviel Schnee während des Winters auf meinem Berg gefallen war und Andy sagte: «Wenn's nicht geschneit hat dann heißt das du mußt jeden Tag oder jeden zweiten Tag mit zwei Eimern auf dem schwierigen Weg drei Kilometer absteigen, mein Junge. Da beneid ich dich nicht – ich war auch schon da oben. Und den einen Tag ist es so heiß daß du dir vorkommst wie in einer Bratpfanne, und die lästigen Insekten kannst du schon gar nicht mehr zählen, und am nächsten Tag überfällt dich so'n Sommerschneesturm vom Hozomeen herüber der direkt an der kanadischen Grenze praktisch in deinem Hinterhof sitzt und du kannst die Holzscheite nicht schnell genug in den Bullerofen schieben.» – Aber ich hatte meinen Rucksack vollgestopft mit Rollkragenpullovern und warmen Hemden und Hosen und langen Wollsocken, in Seattle im Hafenviertel gekauft, und ich hatte Handschuhe dabei und eine Mütze mit Ohrenschützern, und entsprechend meiner Freßliste jede Menge Trockensuppen und Pulverkaffee.

«Hättst dir 'ne Flasche Brandy mitbringen sollen, mein Junge», sagt Andy kopfschüttelnd während der Schlepper unser Floß über den Ross-See bugsiert, durch das Flößertor und im Bogen nach links geradewegs nach Norden unter den unendlichen Regenwolken zwischen dem Sourdough und dem Ruby Mountain.

«Wo ist der Desolation Peak?» fragte ich und meinte meinen Berg (*Ein Berg der einem für immer bleibt,* hatte ich dieses ganze Frühjahr geträumt) (O Lonesome Traveller!)

«Den siehst du heute nicht bis wir praktisch auf ihm drauf sind und bis dahin bist du durch und durch naß und willst nichts mehr von ihm wissen.»

Der Hilfsförster Marty Gohlke von der Dienststelle in Marblemount war auch dabei und gab mir Tips und Anregungen. Keiner schien den Desolation Peak herbeizusehnen außer mir. Zwei Stunden kämpften wir uns durch das unruhige Wasser des langen verregneten Sees und zu beiden Seiten steil ansteigende trostlose Wälder im Nebel und die Maultiere und Pferde fraßen aus ihren Futtersäcken geduldig im strömenden Regen, und schließlich erreichten wir die Stelle wo der Desolation-Pfad begann und der Schlepperführer (der uns im Lotsenhäuschen guten heißen Kaffee hingestellt hatte) fuhr langsam ans Ufer und drückte das Floß an einen steilen schlammigen Abhang voller Büsche und umgestürzter Bäume. – Der Maultiertreiber versetzte dem ersten Maultier einen Schlag und sie (denn es war eine Stute) torkelte vorwärts, beidseitig mit Batterien und Konserven beladen, stieß die Vorderhufe in den Dreck, strauchelte, glitt aus, fiel fast in den See zurück und rappelte sich schließlich mit einer letzten gewaltigen Anstrengung auf und verschwand im Nebel, um an dem Bergpfad auf die anderen Maultiere und ihren Herrn zu warten. – Wir verließen alle das Floß, machten den Schleppkahn los, winkten dem davonfahrenden Mann zu, stiegen auf unsere Pferde und machten uns in dem schweren Regen auf den Weg, eine trostlose triefende Truppe.

Am Anfang war der Pfad, der immer steil bergan führte, so dicht mit Buschwerk bewachsen, daß wir mit den Köpfen und den über den Sattel hängenden Knien ein Dusche nach der anderen auslösten. – Der Pfad war aufgeweicht und voll runder Steine, auf denen die Tiere immer wieder ausrutschten. – Einmal versperrte uns ein mächtiger umgestürzter Baum den Weg und der alte Andy und Marty machten sich mit Äxten daran uns an dem Baum vorbei eine Abkürzung zu bahnen, sie schwitzten und fluchten und hackten drauflos während ich auf die Tiere aufpaßte. – Schließlich hatten sie's geschafft, doch die Maultiere fürchteten sich vor dem steilen Anstieg dieser Abkürzung und mußten mit Stecken angetrieben werden. – Bald verlief der Pfad durch Hochgebirgswiesen übersät mit blauen Lupinen in dem durchnässenden Nebel und mit kleinen roten

Mohnblumen, Blumen mit winzigen Knospen so zart wie die Muster auf kleinen japanischen Teetassen. – In immer wilderem Zickzack führte nun der Pfad die steile Wiese hinauf. – Bald sahen wir im Nebel die gewaltige Masse eines nackten Felsens über uns und Andy brüllte: «Wenn wir da oben auf der Höhe sind haben wir's fast geschafft aber bis da rauf sind's gut und gern sechshundert Meter auch wenn man meint man braucht nur die Hand ausstrecken und danach greifen!»

Ich holte meinen Nylonponcho heraus und zog ihn mir über den Kopf, und dann, während ich ein wenig trocknete oder wenigstens aufhörte zu triefen, ging ich neben dem Pferd her um wieder warm zu werden und fühlte mich gleich wohler. Doch die anderen ritten einfach weiter und ließen die Köpfe im Regen hängen. Was die Höhe betraf, so konnte ich sie nur gelegentlich an furchterregenden Stellen des Pfades abschätzen, wenn wir auf Baumwipfel tief unter uns hinunterblicken konnten.

Auf der Hochgebirgswiese erreichten wir die Baumgrenze und plötzlich blies uns ein mächtiger Wind schmerzende Graupelschauer ins Gesicht. – «Nicht mehr weit bis zum Gipfel!» rief Andy – und plötzlich lag Schnee auf dem Weg, die Pferde stampften durch tiefen Matsch und Schlamm, und links und rechts war alles blendend weiß im grauen Nebel. – «Fast siebzehnhundert Meter hoch jetzt», sagte Andy und drehte sich eine Zigarette während er im Regen weiterritt. –

Es ging nach unten, dann wieder ein Stück aufwärts, wieder nach unten, ein langsamer allmählicher Anstieg, und dann rief Andy: «Da ist sie!», und oben gerade vor uns im Gipfeldunkel sah ich eine kleine schattenhafte Hütte mit spitz zulaufendem Dach, allein auf dem Gipfel der Welt, und Angst schnürte mir den Hals zu:

«Das mein Zuhause für den ganzen Sommer? Und *das* ist der Sommer?»

Im Innern war die Hütte noch erbärmlicher, feucht und schmutzig, Essensreste und Zeitschriften von Ratten und Mäusen zerfetzt, der Boden verdreckt, die Fenster undurchdringlich. – Aber der abgehärtete alte Andy der sein ganzes Leben lang mit solchen Dingen zu tun gehabt hatte sorgte dafür daß bald ein prächtiges Feuer in dem bauchigen Ofen prasselte, und er hieß mich einen Topf

Wasser aufsetzen und fast eine halbe Dose Kaffee reinschütten – «Kaffee taugt nichts wenn er nicht richtig *stark* ist!» – und schon bald kochte der Kaffee mit einem hübschen braunen duftenden Schaum und wir holten unsere Tassen raus und tranken in langen Zügen. –

Inzwischen war ich mit Marty aufs Dach hinausgegangen und hatte den Eimer vom Kamin genommen und die Wetterstange mit dem Windstärkemesser aufgestellt und ein paar andere Arbeiten erledigt – als wir wieder reinkamen briet Andy Dosenschinken und Eier in einer riesigen Pfanne und es war fast wie eine Party. – Draußen fraßen die geduldigen Tiere aus ihren Futtersäcken und waren froh, in dem alten Pferch ausruhen zu können, den irgendeine Desolation-Brandwache der dreißiger Jahre aus Baumstämmen gebaut hatte.

Die Dunkelheit kam, unbegreiflich.

Am grauen Morgen nach einer Nacht die sie am Boden in Schlafsäcken verbracht hatten und ich in der einzigen Koje in meinem Biwaksack machten sich Andy und Marty auf den Rückweg und sagten lachend: «Nun, was sagst du jetzt? Seit zwölf Stunden sind wir jetzt da und man kann immer noch keine fünf Meter weit sehen!» – «Du lieber Himmel das stimmt, wie soll ich da bloß einen Waldbrand sehen können?»

«Keine Sorge mein Junge, diese Wolken verziehen sich und dann siehst du spielend hundert Kilometer in allen Richtungen.»

Ich glaubte es nicht und fühlte mich elend und verbrachte den Tag damit in der Hütte ein wenig sauber zu machen oder zwanzig sorgfältige Schritte in jeder Richtung durch meinen «Hof» zu gehen (an dessen Rand es offenbar steil nach unten ging in schweigende Schluchten), und ich ging früh zu Bett. – Beim Schlafengehen sah ich meinen ersten Stern, kurz, dann türmten sich rings um mich her gewaltige geisterhafte Wolken und der Stern war verschwunden. – Doch in diesem Augenblick glaubte ich, ich hätte meilenweit unter mir den Schlund des grauschwarzen Sees gesehen, wo Andy und Marty wieder auf dem Schiff der Forstverwaltung waren, das sie mittags abgeholt hatte.

Mitten in der Nacht wachte ich plötzlich auf und die Haare standen mir zu Berge – ich sah einen riesigen schwarzen Schatten in meinem Fenster. – Dann sah ich, daß ein Stern darüber stand, und begriff, daß das Mount Hozomeen war (2465 Meter), der etliche Kilometer weit weg fast von Kanada herüber zu meinem Fenster hereinschaute. – Ich stieg aus der einsamen Koje, während darunter die Mäuse raschelten, und ging nach draußen und sah mit offenem Mund, wie ringsum die schwarzen Umrisse von Bergen koloßten, mehr noch, wie hinter den Wolken die wogenden Schleier der Nordlichter tanzten. Es war ein bißchen zuviel für einen Großstadtjungen – die Angst, der unheimliche Schneemensch könnte hinter mir in der Dunkelheit lauern, trieb mich zurück ins Bett, wo ich den Kopf im Schlafsack begrub. –

Doch am Morgen – Sonntag, 6. Juli – sah ich voll Verwunderung und außer mir vor Freude einen klaren blauen sonnigen Himmel und unter mir bildeten die Wolken, wie ein strahlendes reines Schneemeer, eine Wattedecke für die ganze Welt und den ganzen See während ich mich im warmen Sonnenschein badete, um mich Hunderte von Kilometern weit nur schneeweiße Berggipfel. – Ich braute mir Kaffee und sang und trank eine Tasse auf meiner verschlafenen warmen Türschwelle.

Um Mittag lösten sich die Wolken auf, und der See erschien unten, unglaublich schön, ein vollkommener blauer Tümpel vierzig Kilometer lang und noch mehr, und die Bäche wie Spielzeugbäche und die Bäume überall da unten grün und frisch und selbst die fröhlichen sich verbreiternden fließenden Linien die die Urlauber mit ihren Anglerbooten in den See und seine kleinen Buchten zeichneten. – Ein vollkommener sonniger Nachmittag, und hinter der Hütte entdeckte ich ein Schneefeld, das groß genug war, mir bis Ende September eimerweise kaltes Wasser zu liefern.

Mein Job war es, nach Waldbränden Ausschau zu halten. Eines Abends wanderte ein fürchterliches Gewitter durch den Mount-Baker-Nationalforst ohne daß es zum Regnen kam. – Als ich die drohende schwarze Wolke wütend und von Blitzen durchzuckt auf mich zukommen sah schaltete ich das Radio aus und legte die Antenne auf den Boden und rechnete mit dem Schlimmsten. Hiss! Hiss! blies der Wind und brachte Staubwolken und Blitze immer näher. – Tick! machte der Blitzableiter der von einem Einschlag auf dem benachbarten Skagit Peak einiges an elektrischem Strom abbekam. – Hiss! Tick! und in meinem Bett spürte ich wie sich unter mir die Erde bewegte. – Zwanzig Kilometer weiter im Süden, gleich östlich vom Ruby Peak, etwa dort wo der Panther Creek verläuft, tobte ein großes Feuer, ein gewaltiger orangefarbener Fleck. – Um zehn schlug dort erneut ein Blitz ein und die Flammen flackerten gefährlich auf. –

Meine Aufgabe war es, festzuhalten, wo ungefähr der Blitz eingeschlagen hatte. – Um Mitternacht hatte ich schon so lange und angespannt aus dem dunklen Fenster gestarrt, daß ich Halluzinationen bekam und überall Feuer sah, gleich drei davon direkt im Tal des Lightning Creek, phosphoreszierende orange Vertikalen von gespenstischen Feuern die aufzutauchen und zu verschwinden schienen.

Am Morgen war dort, in Richtung 177° 16′ wo ich das große Feuer gesehen hatte, ein merkwürdiger brauner Fleck in der Felslandschaft, der zeigte, wo das Feuer gewütet hatte, ehe es von dem Regen gelöscht wurde, der auf das Gewitter folgte und die ganze Nacht anhielt. Schreckliche Folgen hatte das Unwetter jedoch fünfundzwanzig Kilometer entfernt am McAllister Creek, wo ein gewaltiges Feuer den Regen überdauert hatte und sich am Nachmittag explosionsartig ausbreitete, so daß die Rauchwolke bis Seattle zu sehen war. Mir taten die Burschen leid, die diese Brände zu bekämpfen hatten, die Feuerspringer, die mit dem Fallschirm aus Flugzeugen absprangen, und die Löschmannschaften am Boden, die zu Fuß vordrangen und über glitschige Felsen und über Geröllhalden kletterten und krochen und schließlich verschwitzt und erschöpft ans Ziel kamen, nur um dann vor einer Hitzemauer zu stehen. Als Brandwache hatte ich es ziemlich leicht, ich mußte mich nur darauf konzentrieren von jedem Waldbrand den ich entdeckte mit Hilfe der Instrumente die genaue Lage festzustellen und durchzugeben.

An den meisten Tagen war es allerdings reinc Routine, was mich beschäftigte. – Um sieben oder so stand ich jeden Tag auf, brachte auf einer Handvoll brennender Zweige einen Pott Kaffee zum Kochen und ging dann, den Daumen im Henkel einer Tasse Kaffee, hinaus in den Hof um in aller Ruhe die Windstärke und Windrichtung und Temperatur und Luftfeuchtigkeit abzulesen.

Danach und nachdem ich noch Holz gehackt hatte ging ich ans Funkgerät und gab meine Daten an die Relaisstation auf dem Sourdough weiter. – Um 10 hatte ich gewöhnlich Hunger aufs Frühstück, und ich machte mir köstliche Pfannkuchen und aß sie an meinem kleinen Tisch, der mit Berglupinen und Tannenzweigen geschmückt war.

Der frühe Nachmittag war gewöhnlich der Zeitpunkt für den größten Genuß des Tages: Fertigpudding (Schokolade) mit heißem Kaffee. – Um zwei oder drei lag ich draußen auf der Wiese und beobachtete die vorbeisegelnden Wolken oder pflückte Blaubeeren und aß sie auch gleich. Das Funkgerät hatte ich so laut gestellt, daß ich hören konnte, wenn jemand Desolation rief.

Dann bei Sonnenuntergang richtete ich mir aus Dosen etwas zum Abendessen, Süßkartoffeln und gehackten Schinken und Erbsen, oder manchmal einfach Erbsensuppe mit kleinen Maiskuchen, in einer Aluminiumfolie oben auf dem Holzofen gebacken. – Dann ging ich hinaus zu dem steilen Schneehang und schaufelte meine zwei Eimer voll Schnee für den Wasserbottich und sammelte einen Armvoll von dem herumliegenden Brennholz ein, wie die sprichwörtliche Alte Japanerin. – Für die Backenhörnchen und Wildkaninchen stellte ich Pfannen mit Überbleiseln unter die Hütte, mitten in der Nacht hörte ich sie dann herumlärmen. Die Ratte kam vom Dachboden herunter und fraß auch davon.

Manchmal brüllte ich Fragen gegen Felsen und Bäume und über Schluchten weg, oder ich jodelte – «Was ist der Sinn der Leere?» Die Antwort war absolute Stille, also wußte ich Bescheid. –

Vor dem Schlafengehen las ich im Licht der Kerosinlaterne in den Büchern, die in der Hütte zu finden waren. – Es ist erstaunlich wie sehr Leute in der Einsamkeit nach Büchern hungern. – Nachdem ich mich in jedes Wort eines medizinischen Wälzers und in die Nacherzählungen der Shakespeare-Dramen von Charles und Mary Lamb vertieft hatte, stieg ich auf den kleinen Dachboden und setzte zerrissene Cowboy-Taschenbücher und -Magazine zusammen, die von Mäusen verwüstet worden waren – ich spielte auch Stud-Poker mit drei imaginären Mitspielern.

Bevor ich endgültig schlafen ging, brachte ich einen Becher Milch mit einem Eßlöffel

Honig drin fast zum Kochen und trank das als süßen Schlummertrunk, danach schlüpfte ich in meinen Schlafsack.

Kein Mensch sollte durch das Leben gehen, ohne sich einmal der gesunden, ja langweiligen Einsamkeit auszusetzen, einer Situation, in der er allein auf sich selbst angewiesen ist und dadurch seine wahre und verborgene Stärke kennenlernt. – Wo er beispielsweise lernt zu essen wenn er Hunger hat und zu schlafen wenn er müde ist.

Die Zeit vor dem Schlafengehen war auch die Zeit in der ich sang. Auf dem ausgetretenen Pfad auf meinem staubigen Fels ging ich hin und her und sang all die Filmmelodien die mir einfielen, und das so laut ich konnte, und niemand hörte mich außer den Rehen und Bären.

In der roten Abenddämmerung waren die Berge Sinfonien aus rosarotem Schnee – Jack Mountain, Three Fools Peak, Freezeout Peak, Golden Horn, Mount Terror, Mount Fury, Mount Despair, Crooked Thumb Peak, Mount Challenger und der unvergleichliche Mount Baker größer als die Welt in der Ferne – und mein eigener kleiner Jackass-Hügel, der die Desolation-Kette vervollständigte. – Rosaroter Schnee und die Wolken weit weg und gekräuselt wie uralte ferne Städte im Glanz des Buddha-Landes und das unablässige Wehen des Windes – uuisch, uuisch – wie er brauste und manchmal meine Hütte schüttelte.

Zum Abendessen gab es Chop Suey und ein paar gebackene Biskuit-Brötchen und die Reste stellte ich in einer Pfanne den Hirschen hin, die in der mondhellen Nacht kamen und daran knabberten, große fremdartige Rinder des Friedens – ein Hirsch mit starkem Geweih und Kühe und Kälber – während ich, den magischen mondbeschienenen See vor Augen, im Hochgebirgsgras meditierte. – Und ich konnte Tannen sehen, die sich anderthalb Kilometer unter mir in dem mondhellen See spiegelten, auf dem Kopf stehend wiesen sie in die Unendlichkeit. –

Und all die Insekten verstummten zu Ehren des Mondes.

Dreiundsechzig Sonnenuntergänge sah ich um diesen steil abfallenden Berg kreisen – rasende wütende Sonnenuntergänge die Meerschaumwolken durch unvorstellbare Felszacken hereinströmen ließen, wie Felszacken die du als Kind grau mit dem Bleistift gezeichnet hast und die jeden rosigen Hoffnungsschimmer von dir fernhalten so daß du dir vorkommst wie sie selbst – im strahlenden Licht unsagbar allein. –

Kalte Morgenstunden mit Wolken die aus dem Lightning Gorge quollen wie Rauch von einem gewaltigen Feuer, doch der See tiefblau wie immer.

Der August führt sich mit einem Sturm ein der dein Haus durchschüttelt und wenig Augustfreuden verheißt – dann die Ahnung von Schnee in der Luft und Holzrauch – dann kommt der Schnee aus Kanada zu dir herüber, und der Wind wird immer stärker und dunkle tiefhängende Wolken stürmen heran wie aus der Esse eines Schmiedes. Plötzlich erscheint ein Regenbogen, grün und rosa direkt auf deinem Berg und ringsum dampfende Wolken und eine orange Sonne im Aufruhr...

Was ist ein Regenbogen,
Herr? – ein Reif
Für die Demütigen

... und du gehst hinaus und plötzlich ist dein Schatten vom Regenbogen umringt während du über die Bergspitze gehst, ein wunderschönes mit einem Lichtschein umgebenes Mysterium das den Wunsch in dir weckt zu beten. –

Ein Grashalm der in den Winden der Unendlichkeit schwankt, verankert in einem Felsen, und für dein eigenes armes Fleisch gibt es keine Antwort.

Deine Öllampe brennt in der Unendlichkeit.

Eines Morgens fand ich Bärenkot und Spuren, die erkennen ließen, daß das Ungeheuer eine Dose gefrorener Milch genommen und in seinen Pfoten zerquetscht hatte, und es hatte mit einem einzigen spitzen Zahn hineingebissen und versucht, die breiige Masse auszusaugen. – Im nebligen Morgengrauen blickte ich auf die geheimnisvolle Starvation-Bergkette hinunter, auf die nebelumhüllten Tannen und die sich im Nichts auflösenden Hügel und Höcker, und der Wind scheuchte wie in einem kleinen Schneesturm den Nebel an mir vorbei, und ich mußte dran denken, daß irgendwo im Nebel der Bär herumtappte.

Und als ich so dasaß, hatte ich das Gefühl, daß das der Urbär war und daß er den ganzen

Nordwesten besaß und den ganzen Schnee und Herr über die ganzen Berge war. – Er war der König der Bären, der meinen Kopf zwischen seinen Pfoten zermalmen und mein Rückgrat wie einen trockenen Zweig brechen konnte, und das hier war sein Haus, sein Hof, sein Reich. – Ich hielt den ganzen Tag Ausschau, aber er ließ sich in dieser geheimnisvoll stillen nebligen Umgebung nicht blicken – er strich bei Nacht zwischen unbekannten Seen umher, und am frühen Morgen ließ ihn das perlenklare Licht, das die bewaldeten Abhänge in den Schatten rückte, vor Respekt die Augen zukneifen. – Er war hier jahrtausendelang umhergestrichen, er hatte die Indianer und Rotröcke kommen und gehen sehen und würde noch viel mehr zu sehen bekommen. – Er hörte stets das beruhigende stürmische Tosen der Stille, außer wenn er in der Nähe eines Baches war, er wußte aus was für leichten Stoffen sich die Welt zusammensetzte, doch er äußerte sich nie, verständigte sich nicht durch irgendwelche Zeichen, hielt sich nie mit Klagen auf – er beschränkte sich darauf hier und da zu nagen und mit den Pfoten zu scharren und sich schwerfällig zwischen Baumstümpfen zu bewegen, er achtete nicht auf andere Dinge, ob beseelt oder unbeseelt. – Sein großes Maul kau-kaute in der Nacht, ich konnte es überm Berg im Sternenlicht hören. – Bald würde er aus dem Nebel auftauchen, riesig, und herkommen und mit großen brennenden Augen in mein Fenster starren. – Er war Avalokitesvara der Bär, und sein Zeichen war der graue Wind des Herbstes. –

Ich wartete auf ihn. Er kam nie.

Schließlich die herbstlichen Regenfälle, nächtelange Sturmwinde mit heftigem Regen während ich warm wie Toastbrot in meinem Schlafsack liege und jeder Morgen bringt einen neuen kalten wilden Herbsttag mit starkem Wind, rasenden Nebelfetzen, rasenden Wolken, plötzlichen Sonnenstrahlen, die einzelne Berghänge in reines Licht tauchen, und während mein Feuer prasselt juble und singe ich aus vollem Hals. – Draußen vor meinem Fenster sitzt ein vom Wind gebeuteltes Backenhörnchen aufrecht auf einem Felsen, wie mit gefalteten Händen knabbert es an einem Haferkorn zwischen seinen Pfoten – der verrückte kleine Herr über all das was er überblickt.

Nacht für Nacht dachte ich an die Sterne und begann zu begreifen «Die Sterne sind Worte», und all die unzähligen Welten in der Milchstraße sind Worte, und das gilt auch für diese Welt. Und mir wird klar daß alles – ob ich nun in einem kleinen Raum voller Gedanken oder in diesem endlosen All aus Sternen und Bergen bin – daß alles in meinem Innern ist. Die Einsamkeit muß nicht sein. Drum liebe das Leben weil es so ist wie es ist und bilde dir nie schon im voraus eine Meinung.

Was für seltsame liebliche Gedanken kommen dir in den Bergeinsamkeiten! – Eines Nachts wurde mir klar, wenn man auf Menschen verständnisvoll eingeht und sie ermutigt, dann bekommen ihre Augen einen komischen kindlich frommen Ausdruck, denn was immer sie getan haben, sie waren sich nicht sicher, daß es richtig war – sanfte Lämmchen überall auf der Welt.

Denn wenn dir klar ist, Gott ist Alles, dann weißt du, daß du alles lieben mußt und sei es auch noch so schlimm, letzten Endes war es nämlich weder gut noch schlecht (denkt nur an den Staub), es war einfach das *was war*, das heißt das was sichtbar gemacht wurde. – Eine Art von Schauspiel zur Belehrung, ein «geringgeschätztes Wesen göttlichen Wirkens».

Und ich begriff, daß ich mich nicht in der Einsamkeit zu verstecken brauchte sondern die Gesellschaft – wie eine Ehefrau – in guten wie in schlechten Tagen akzeptieren konnte – ich sah, daß es ohne die sechs Sinne, das Sehen, Hören, Riechen, Tasten, Schmecken und Denken, das Selbst dessen was nicht existiert, keine wahrnehmbaren Erscheinungen geben würde, ja nicht einmal die sechs Sinne oder das Selbst. – Die Angst vor der Auslöschung ist viel schlimmer als die Auslöschung (der Tod) selbst. – Der Auslöschung im alten nirwanischen Sinne des Buddhismus nachzujagen ist letzten Endes töricht, das zeigen die Toten in der Stille ihres seligen Schlafes in der Mutter Erde die ohnehin nichts anderes ist als ein Engel der in einer Umlaufbahn im Himmel hängt. –

Ich lag nur da, auf der Bergwiese im Mondschein, den Kopf im Gras, und hörte die stumme Anerkennung meines vorübergehenden Kummers. – Ja, es geht also um den Versuch Nirwana zu *erreichen* wenn du schon dort bist, den Gipfel eines Berges zu erreichen wenn du schon dort bist und nur bleiben mußt – in der Nirwana-Glückseligkeit zu *bleiben* ist also alles was ich tun muß, was du tun mußt, keine Anstrengung, eigentlich kein Pfad, keine Disziplin sondern nur das Wissen daß alles leer ist und wach, eine Vision und ein Film in Gottes Universellem Bewußtsein *(Alaya-vijnana)* und darin gilt es mehr oder weniger weise zu bleiben. – Denn die Stille selbst ist der Widerhall von Diamanten die alles zerschneiden können, der Widerhall der Heiligen Leere, der Widerhall von Auslöschung und Glückseligkeit, jene Friedhofsstille die wie die Stille im Lächeln eines kleinen Kindes ist, der Widerhall der Ewigkeit, der Seligkeit auf die gewiß zu vertrauen ist, der Widerhall des Nichts-ist-je-geschehen-außer-Gott (was ich in einem lärmenden Sturm auf dem Atlantik schon bald hören sollte). – Was existiert ist Gott in Seiner Ausstrahlung, was nicht existiert ist Gott in Seiner friedlichen Neutralität, was weder existiert noch nicht existiert ist Gottes unsterbliche uranfängliche Dämmerung des Vaters Himmel (diese Welt in eben diesem Augenblick). – Also sagte ich: – «Bleib da drin, keine Dimensionen hier für irgendeinen der Berge oder Moskitos und ganze Milchstraßen von Welten –» Denn Empfindung ist Leere, hohes Alter ist Leere. – 's ist nur die Goldene Ewigkeit des Göttlichen Bewußtseins drum üb Freundlichkeit und Mitgefühl, denk dran daß Menschen *an sich als Menschen nicht verantwortlich sind* für ihre Unwissenheit und Lieblosigkeit, man sollte Mitleid mit ihnen haben, Gott hat Mitleid, denn wer sagt schon was über irgendwas da alles einfach ist was es ist, frei von jeder Deutung. – Gott «gelangt» nicht zu irgend etwas, er «befindet» sich in dem was alles ist, er «verweilt» – eine einzige Raupe, tausend Haare Gottes. – Wisse also stets daß das nur du bist, Gott, leer und wach und ewig frei wie die unzählbaren Atome der Leere überall. –

Ich beschloß daß ich nach meiner Rückkehr in die Welt dort unten versuchen würde ein klares Bewußtsein zu behalten inmitten all der trüben menschlichen Vorstellungen die wie Fabrikschlote am Horizont rauchen, und ich würde mitten hindurch meinen Weg gehen, vorwärts...

Als ich im September herunterkam, lag über dem Wald bereits etwas Kühles Altes

Goldenes, eine Ahnung von Kälteeinbrüchen und Frösten und dem unvermeidlichen heulenden Schneesturm, der meine Hütte vollkommen zudecken würde, es sei denn diese Stürme auf dem Gipfel der Welt würden sie blank fegen. Als ich an die Wegbiegung kam, wo die Hütte aus meinem Blickfeld verschwinden würde und mein Weg mich steil nach unten führte, zum See und zu dem Boot, das mich abholte und nach Hause brachte, da drehte ich mich noch einmal um und segnete Desolation Peak und die kleine Pagode auf seinem Gipfel und dankte ihnen für das Obdach und die Lektion, die ich gelernt hatte.

Der amerikanische Tramp verschwindet

Der amerikanische Tramp hat es heutzutage schwer, denn immer stärker wird die polizeiliche Überwachung der Landstraßen, Güterbahnhöfe, Meeresufer, Flußbetten, Bahndämme und der 1001 Schlupflöcher der Industrienächte. – In California ist die «Packratte», der alte Originaltyp, der mit Proviant und Bettzeug auf dem Rücken von Ort zu Ort geht, ist der «Obdachlose Bruder» praktisch verschwunden, zusammen mit der «Wüstenratte» von einst, dem Goldwäscher, der mit Hoffnung im Herzen durch die hart um ihr Dascin ringenden Orte im Westen kam, Orte, die heute so wohlhabend sind, daß sie keine Penner mehr dulden. – «Man will hier keine Packratten mehr haben, obwohl die ja mal California gegründet haben», sagte 1955 ein alter Mann, der sich mit einer Dose Bohnen und einem Indianerfeuer in einem Flußbett außerhalb von Riverside California versteckte. – Große finstere aus Steuergeldern bezahlte Polizeiautos (1960er Modelle mit humorlosen Suchscheinwerfern) sind eine dauernde Bedrohung für den Tramp auf seinem idealistischen Weg in die Freiheit und zu den Hügeln der heiligen Stille und heiligen Abgeschiedenheit. – Es gibt nichts Edleres als auf dem Weg zur absoluten Freiheit ein paar Unannehmlichkeiten wie Schlangen und Staub in Kauf zu nehmen.

Ich war selbst ein Tramp, wenn auch nicht in jeder Hinsicht, denn schließlich wußte ich, meine literarischen Bemühungen würden eines Tages mit sozialer Sicherheit belohnt werden – ich war kein echter Tramp ohne jede Hoffnung bis auf jene verborgene ewige Hoffnung die man hegt wenn man in leeren Güterwagen schläft und in der heißen Januarsonne voll Goldener Ewigkeit das Salinas Valley hinauf San José entgegenfliegt wo finster aussehende alte Trampveteranen dich mißlaunig ansehen und dir etwas zu essen und auch zu trinken anbieten – unten beim Bahndamm oder im Bachbett des Guadalupe.

Der ursprüngliche Traum des Tramps ist

am besten in einem hübschen kleinen Gedicht ausgedrückt, das Dwight Goddard in seiner *Buddhist Bible* zitiert:

O ja, für dieses so seltne Ereignis
Würd ich freudig zehntausend Goldstücke geben!
Hab einen Hut auf dem Kopf, ein Bündel auf der Schulter,
Und meinen Stab, die erfrischende Brise und den vollen Mond.

In Amerika hat es schon immer (auffallend der eigenartig Whitmansche Ton dieses Gedichts, wahrscheinlich stammt es vom alten Goddard selbst) eine feste Vorstellung von der Freiheit des Wanderers gegeben, das geht zurück bis zu den Zeiten eines Jim Bridger und Johnny Appleseed und gilt heute noch für eine immer kleiner werdende Gruppe von abgehärteten Veteranen, die man manchmal in der Wüste an einer Straße auf den Bus warten sieht, der sie in den nächsten Ort bringen soll, wo sie ein bißchen betteln (oder arbeiten) wollen, um zu einer Mahlzeit zu kommen, oder sie wandern durch den Osten des Landes und suchen überall die Heilsarmee auf und ziehen von Stadt zu Stadt und von Staat zu Staat, bis sie schließlich im Elendsviertel irgendeiner Großstadt zugrunde gehen, weil ihre Füße nicht mehr mitmachen. – Dennoch sah ich vor nicht allzu langer Zeit in California (tief in der Schlucht neben einem Bahngleis außerhalb von San José, begraben in Eukalyptusblättern und dem wohltuenden Deckmantel wilder Reben) eine Anzahl von wackligen Pappdeckelhütten am Abend, und vor einer von ihnen saß ein bejahrter Mann und paffte seinen 15-Cent-Granger-Tabak in seiner Maiskolbenpfeife (Japans Berge sind voll von solchen freien Hütten und alten Männern, die bei einem Wurzeltrank ihr Schwätzchen halten und auf die Höchste Erleuchtung warten, die nur erlangt, wer von Zeit zu Zeit in die vollkommene Einsamkeit geht).

Unter freiem Himmel zu leben und zu lagern, gilt in Amerika als gesunder Pfadfindersport, doch bei gereiften Männern, die das zu ihrer Hauptbeschäftigung gemacht haben, gilt es als strafbare Handlung. – Die Armut gilt in Kulturvölkern bei Mönchen als Tugend – in Amerika verbringst du eine Nacht im Kittchen, wenn sie dich blank erwischen, ohne ein paar Landstreichergroschen (soviel ich weiß, waren es immer fünfzig Cents, Kumpel, und was verlangen sie heute?).

Zu Brueghels Zeiten tanzten Kinder um den Tramp herum, er trug viel zu große und zerlumpte Kleider und er blickte immer geradeaus, ohne die Kinder zu beachten, und die Familien störte es nicht, daß die Kinder mit dem Tramp spielten, es war etwas ganz Natürliches. – Doch heute halten Mütter ihre Kinder fest, wenn der Tramp durch ihren Ort geht, weil die Zeitungen den Tramp abgestempelt haben – zum Frauenschänder, Würger, Kinderfresser. – Laß dich nicht mit Fremden ein, sie geben dir vergiftete Bonbons. Der Brueghel-Tramp und der heutige Tramp sind sich zwar gleich, aber die Kinder sind anders. – Wo ist auch nur der chaplineske Tramp? Der alte Tramp der Göttlichen Komödie? Der Tramp ist Vergil, er weist den Weg. – Der Tramp betritt die Welt der Kinder (wie auf dem berühmten Gemälde von Brueghel, wo ein Hüne von einem Tramp feierlich durch das Waschzuberdorf geht, angebellt und von Kindern verlacht, St. Rattenfänger), doch wir leben heute in einer

Erwachsenenwelt und nicht mehr in einer Kinderwelt. – Heute muß sich der Tramp mit Schuldgefühlen fortschleichen – alle Welt sieht den Polizeihelden im Fernsehen zu.

Benjamin Franklin war wie ein Tramp in Pennsylvania; er ging mit drei großen Schriftrollen unter den Armen und einem Halbpennystück aus Massachusetts am Hut durch Philly. – John Muir war ein Tramp, der mit trockenem Brot in der Tasche in die Berge ging, um es dort in Gebirgsbächen einzuweichen.

Hat Whitman vielleicht die Kinder in Louisiana erschreckt, wenn er durch die Straßen ging?

Und was ist mit dem schwarzen Tramp? Dem Schwarzbrenner, Hühnerdieb, Remus? Der schwarze Tramp im Süden ist der letzte von Brueghels Landstreichern, Kinder bezeugen ihm Hochachtung und begegnen ihm mit ehrfurchtsvollem Schweigen. Er kommt von den kieferbewachsenen Bergen herunter und hat auf den Schultern einen alten unsäglichen Sack. Trägt er Waschbären mit sich herum? Trägt er Brer Rabbit mit sich herum? Niemand weiß, was er mit sich herumträgt.

Der Forty-Niner, das Gespenst der Prärie,

der alte Jack aus Zacatecas der Wandernde Heilige, der Goldsucher, die Geister und Gespenster der Tramps sind verschwunden – aber sie (die Goldsucher) wollten ihre unsäglichen Säcke mit Gold füllen. – Teddy Roosevelt, politischer Tramp – Vachel Lindsay, Troubadour-Tramp, heruntergekommener Tramp – wie viele Stück Kuchen für eins *seiner* Gedichte? Der Tramp lebt in einem Disneyland, ein Land für Pete-the-Tramp, wo Löwen Menschen sind und Menschen aus Blech, Mondhunde mit Gummizähnen, die Wege orange und purpurrot, in der Ferne aufragende Smaragdschlösser, freundliche Philosophen von Hexen. – Keine Hexe hat je einen Tramp gekocht. – Der Tramp hat zwei Uhren, die nicht mal bei Tiffany's zu kaufen sind, an dem einen Handgelenk die Sonne, am anderen Handgelenk den Mond, und die Armbänder bestehen aus Himmel.

Horch! Horch! Die Hunde bellen,
Die Bettler sind wieder im Land;
Manche in Lumpen, manche in Fetzen,
Und manche im samtnen Gewand.

Das Düsenzeitalter macht den Tramp kaputt, denn wie soll er auf ein Düsenflugzeug aufspringen? Ob Louella Parsons wohl Tramps mit Wohlwollen betrachtet? Henry Miller ließ die Tramps in seinem Schwimmbecken baden. – Und was ist mit Shirley Temple, die dem Tramp den Bluebird verdankt? Sind die jungen Temples ohne Bluebird?

Heutzutage muß sich der Tramp verstekken, es gibt für ihn immer weniger Verstecke, die Bullen suchen ihn, *Achtung an alle, Achtung an alle, in der Nähe des Bird-in-Hand wurden Tramps gesichtet* – Jean Valjean unter der Last seines Sacks voller Kandelaber schreit einen Jungen an: «Da hast du deinen *Sou,* deinen *Sou*!» Beethoven war ein Tramp, der sich hinkniete und aufs Licht hörte, ein tauber Tramp, der die Klagen anderer Tramps nicht hören konnte. – Einstein der Tramp mit seinem schäbigen Rollkragenpullover aus Schafwolle, Bernard Baruch der ernüchterte Tramp, im Ohr ein Hörrohr aus Plastik, sitzt auf einer Parkbank und wartet auf John Henry, wartet auf einen völlig Verrückten, wartet auf das persische Heldengedicht. –

Sergei Jessenin war ein großer Tramp, der die Russische Revolution dazu nutzte, in den rückständigen Dörfern Rußlands herumzurennen und Kartoffelsaft zu trinken (sein berühmtestes Gedicht nennt sich *Bekenntnisse eines Stromers*), der in dem Moment, wo sie dem Zar auf den Leib rückten, nur sagte: «Im Augenblick würde ich am liebsten durch das Fenster auf den Mond pissen.» Es ist der selbstlose Tramp der eines Tages ein Kind gebären wird – Li Po war ein mächtiger Tramp – das Selbst ist der größte Tramp – heil dem Tramp-Selbst! Dessen Denkmal eines Tages eine vergoldete blecherne Kaffeekanne sein wird.

Jesus war ein seltsamer Tramp, der über das Wasser ging. –

Buddha war ebenfalls ein Tramp, der keinen anderen Tramp beachtete.

Häuptling Regen-im-Gesicht, noch sonderbarer. –

W. C. Fields – seine rote Nase erklärte den Sinn der dreifachen Welt, Großes Fahrzeug, Kleines Fahrzeug, Diamant-Fahrzeug.

Der Tramp ist ein Kind des Stolzes, er hat nichts mit einem Gemeinwesen zu tun sondern mit sich selbst und anderen Tramps und vielleicht noch einem Hund. – Tramps an den Bahndämmen kochen bei Nacht gewaltige Blechkannen voll Kaffee. – Stolz war der Gang des Tramps durch eine Stadt vorbei an den Hintertüren wo Kuchen auf Fenstersimsen abkühlten, der Tramp war ein intellektueller Aussätziger, er brauchte sich sein Essen nicht zusammenzubetteln, starke knochige Mütter im Westen kannten seinen klingelnden Bart und seine zerfetzte Tracht, *komm und hol's dir!* Aber stolz sei stolz, und doch ging es nicht ohne Ärger ab, denn manchmal kamen, wenn sie rief *komm und hol's dir*, haufenweise Tramps, zehn oder zwanzig auf einmal, und es war nicht ganz einfach, so viele zu füttern, manchmal waren Tramps rücksichtslos, aber nicht immer, doch wenn sie's waren, gaben sie ihren Stolz dran, wurden sie zu Pennern – sie wanderten weiter zur Bowery in New York, zum Scollay Square in Boston, zur Pratt Street in Baltimore, zur Madison Street in Chicago, zur 12. Straße in Kansas City, zur Larimer Street in Denver, zur South Main Street in Los Angeles, zur Third Street im Stadtkern von San Francisco, zur Straße mit den billigen Bumslokalen in

Seattle («heruntergekommene Viertel» allesamt) –

Die Bowery ist der Zufluchtsort für Tramps, die in die große Stadt gekommen sind, um mit einem Handwagen als Altpapiersammler das große Geschäft zu machen. – Eine ganze Menge der Bowery-Penner sind Skandinavier, eine Menge von ihnen bluten leicht, weil sie zuviel trinken. – Wenn der Winter kommt, trinken Penner ein Getränk, das sie «Smoke» nennen, es ist Methylalkohol mit einem Tropfen Jod und einem Stückchen Zitronenschale, das schlucken sie runter und wumm! sie fallen in ihren Winterschlaf, um sich nicht zu erkälten, denn sie wohnen nirgends, und im Winter wird es im Freien in der Stadt sehr kalt. – Manchmal schlafen Tramps, wenn sie auf dem Gehweg liegen, in einem dichten Knäuel, um sich warm zu halten. Veteranen der Bowery Mission sagen, die Biertrinker unter den Pennern seien von allen die streitsüchtigsten.

Fred Bunz' Lokal ist das große Howard Johnson's der Penner – es befindet sich in der Bowery 277 in New York. Sie schreiben dort die Speisekarte an die Fenster. – Man sieht dort die Penner widerwillig 15 Cents für

Schweinehirn zahlen, 25 Cents für Gulasch, und dann schlurfen sie in ihren dünnen Baumwollhemden wieder hinaus in die kalte Novembernacht, um in die mondbleiche Bowery einzutauchen, und irgendwo wird eine Flasche zerschmettert, in einer dunklen Gasse, wo sie wie unartige Schuljungen an einer Wand stehen. – Einige tragen abenteuerliche Regenhüte, die sie neben den Bahngleisen in Hugo Colorado aufgelesen haben, oder zerfetzte Schuhe, von Indianern in die Müllhalden von Juarez geschleudert, oder Mäntel aus dem erbärmlichen Salon der Robben und Fische. – Pennerhotels sind weiß und gekachelt und wirken wie in die Höhe gebaute öffentliche Klos. – Früher mal erzählten Penner den Touristen, sie seien einst erfolgreiche Ärzte gewesen, heute erzählen sie den Touristen, sie seien einst Berater für Filmstars oder Regisseure in Afrika gewesen, ehe das aufkommende Fernsehen ihnen ihre Safarirechte genommen habe.

In Holland dulden sie keine Penner, und das ist vielleicht auch in Kopenhagen so. Doch in Paris kannst du als Penner leben – in Paris zeigt man großen Respekt vor Pennern und verweigert ihnen selten ein paar Francs.

– Es gibt verschiedene Klassen von Pennern in Frankreich, der vornehme Penner hat einen Hund und einen Kinderwagen, in dem er seinen ganzen Besitz aufbewahrt, und der besteht gewöhnlich aus alten Nummern des *France Soir*, Lumpen, Blechdosen, leeren Flaschen, kaputten Puppen. – Dieser Penner hat manchmal eine Mätresse, die ihm und seinem Hund und seinem Kinderwagen folgt. – Die gewöhnlichen Penner besitzen überhaupt nichts, sie sitzen nur an den Ufern der Seine, den Eiffelturm vor Augen, und bohren in der Nase. –

Die Penner in England haben einen englischen Akzent, und das läßt sie merkwürdig erscheinen – sie verstehen die Penner in Deutschland nicht. – Amerika ist das Mutterland des Pennertums. –

Der amerikanische Tramp Lou Jenkins aus Allentown Pennsylvania wurde in Fred Bunz' Lokal an der Bowery interviewt. – «Wieso wolln Sie denn all das wissen, was wolln Sie eigentlich?»

«Man sagt mir, Sie sind als Tramp im ganzen Land rumgefahren.»

«Wie wär's mit ein paar Münzen fürn bißchen Wein bevor wir mit'nander reden.»

«Al, komm hol den Wein.»

«Wo solln das nachher stehn, in der *Daily News*?»

«Nein, in einem Buch.»

«Was macht ihr jungen Spunde denn hier, ich meine wo bleibt der Drink?»

«Al besorgt grade was – Sie wollten Thunderbird, stimmt's?»

«Mhm.»

Lou Jenkins wurde immer massiver – «Wie wär's mit ein paar Münzen für ein Bett heut nacht?»

«Okay, wir wollen Ihnen bloß ein paar Fragen stellen, warum sind Sie zum Beispiel aus Allentown weggegangen?»

«Meine Frau. – Meine Frau – heirat ja nicht, das verkraftest du nie. Ehrlich, das kommt in ein Buch was ich da sage?»

«Na los, sagen Sie schon was über Penner oder irgendwas –»

«Was denn, was wollt ihr denn wissen über Penner? Gibt ne ganze Menge davon, wird immer schwerer, kein Geld – hör mal, was zu essen ist doch drin, oder?»

«Also dann, im Sagamore.» (Solides Penner-Lokal Ecke Third und Cooper Union.)

«Okay, Kleiner, und schön' Dank auch.»

– Mit einer gekonnten Bewegung schnipst er den Plastikverschluß von der Thunderbird-Flasche. – Gluck, während der Mond aufsteigt und strahlt wie eine Rose schluckt er mit dicken häßlichen Lippen durstig und die Kehle runter, gluck! und wie das runterläuft und seine Augen tanzen Bebop und er fährt mit der Zunge über die Oberlippe und sagt: «H-a-h!» Und er ruft: «Meinen Namen nicht vergessen, Jenkins, das schreibt sich J-e-n-k-y-n-s. –»

Ein anderer Typ – «Stimmt das, Sie sind Ephram Freece aus Pawling New York?»

«Wieso denn, nein, ich heiße James Russell Hubbard.»

«Für einen Penner sehen Sie ganz respektabel aus.»

«Mein Großvater war Colonel in Kentucky.»

«Ach ja?»

«Sicher.»

«Was bringt Sie bloß hierher in die Third Avenue?»

«Ich kann wirklich nicht, mir ist das egal, ich will meine Ruhe, ich empfinde nichts, mir ist langsam alles egal. Tut mir leid, aber – irgendwer hat mir gestern meine Rasierklinge gestohlen, wenn ihr mit 'n bißchen Geld rüberkommt, kauf ich mir einen Schick-Rasierer.»

«Wo wollen Sie den anschließen? Hier gibt's doch keine Steckdose?»

«Einen Schick-Naßrasierer.»

«Ach so.»

«Und ich trag immer dieses Buch mit mir rum – *Die Regeln des Heiligen Benedikt.* Ein langweiliges Buch, aber na ja, ich hab noch ein Buch in meinem Bündel. Auch langweilig nehm ich an.»

«Warum lesen Sie's dann?»

«Weil ich es gefunden habe – ich hab's letztes Jahr in Bristol gefunden.»

«Wofür interessieren Sie sich? Ich meine, interessieren Sie sich für irgendwas?»

«Na ja, dieses andere Buch da, das ist, äh, mm, äh, ein großes eigenartiges Buch – Sie sollten mich nicht interviewen. Reden Sie mit diesem alten Nigger da drüben mit der Harmonika – ich tauge zu nichts mehr, ich will bloß daß man mich in Ruhe läßt –»

«Ich sehe Sie rauchen eine Pfeife.»

«Mhm – Granger-Tabak. Willst 'n bißchen?»

«Zeigen Sie mir das Buch?»

«Nein ich hab's nicht dabei, ich hab nur das da.» – Er zeigt auf seine Pfeife und den Tabak.

«Können Sie mir etwas sagen?»

«Wetterleuchten.»

Mit dem amerikanischen Tramp geht es abwärts, wenn die Sheriffs weiterhin – wie Louis-Ferdinand Céline sagte – «einmal wegen eines Verbrechens und neunmal aus Langeweile» eingreifen; weil sie nichts zu tun haben mitten in der Nacht, wenn alle schlafen gegangen sind, greifen sie sich den ersten Menschen, den sie noch auf der Straße sehen. – Sie greifen sich sogar Liebespaare am Strand. Sie wissen einfach nicht was sie mit sich anfangen sollen in ihren Fünftausenddollar-Polizeiautos mit den Dick-Tracy-Funkgeräten, und so gehen sie auf alles los, was sich in der Nacht bewegt, und bei Tag auf alles, was sich unabhängig von Benzin, Strom, Armee und Polizei zu bewegen scheint. – Ich selbst war ein Tramp, aber ich mußte es um 1956 herum aufgeben, denn es gab immer mehr Fernsehberichte über die Abscheulichkeit, daß Fremde mit Rucksäkken ganz allein und selbständig durch die Gegend ziehen – ich wurde in Tucson Arizona um 2 Uhr nachts von drei Streifenwagen eingekreist, als ich mit dem Rucksack auf dem Rücken unterwegs war, um in der roten Mondwüste ein angenehmes Plätzchen für die Nacht zu finden:

«Wo wolln Sie hin?»

«Schlafen.»

«Und wo?»

«Im Sand.»

«Warum?»

«Hab meinen Schlafsack dabei.»

«Warum?»

«Will sehen wie das ist unterm freien Himmel.»

«Wer sind Sie? Zeigen Sie mal Ihre Papiere.»

«Ich hab den Sommer über für die Forstverwaltung gearbeitet.»

«Gegen Bezahlung?»

«Sicher.»

«Warum gehn Sie dann nicht in ein Hotel?»

«Mir gefällt es draußen besser und es kostet nichts.»

«Warum?»

«Weil ich das Leben der Tramps studiere.»

«Was soll daran schon Gutes sein?»

Sie wollten eine *Erklärung* für mein Leben als Tramp und waren drauf und dran mich einzulochen, aber ich war ganz offen zu ihnen, so daß sie sich schließlich nur noch am Kopf kratzen und sagen konnten: «Dann machen Sie mal, wenn Sie unbedingt wollen.» – Sie boten mir nicht an, mich die sechs Kilometer hinaus in die Wüste zu fahren.

Und der Sheriff vom Cochise County ließ mich nur deshalb auf dem kalten Lehmboden unweit von Bowie Arizona schlafen, weil er nichts davon wußte. –

Es geschehen merkwürdige Dinge, nicht mal mehr in der primitiven Wildnis (den sogenannten «unterentwickelten Gebieten») kann man allein sein, immer taucht ein Hubschrauber auf und schnüffelt rum, man muß sich tarnen. – Dann fangen sie an von einem zu verlangen, daß man für die Zivile Verteidigung nach unbekannten Flugzeugen Ausschau hält, als ob ein Mensch zwischen einem normalen unbekannten Flugzeug und irgendeinem anderen unbekannten Flugzeug unterscheiden könnte. – So wie ich das sehe, kannst du nur noch in einem geschlossenen Raum sitzen und dich betrinken und dein Dasein als Tramp und die Nächte unter freiem Himmel aufgeben, weil es in den neuen fünfzig Staaten keinen einzigen Sheriff und Forstaufseher mehr gibt, der dich im Dickicht zwischen Binsen oder in einem abgelegenen Tal oder irgendwo eine kleine Mahlzeit auf einem Reisigfeuerchen kochen läßt, denn die haben nichts anderes zu tun als sofort einzugreifen, wenn sich irgendwo irgendwas frei und unabhängig von Benzin Strom Armee Polizei in der Landschaft bewegt. – Ich will nichts für mich selbst: ich geh einfach in eine andere Welt.

Ray Rademacher, ein Typ, der in der Bowery Mission wohnt, sagte vor kurzem: «Ich wollte es wär noch so wie damals als sie meinen Vater noch ‹Johnny the Walker of the White Mountains› nannten. – Er hat mal nach einem Unfall einem kleinen Jungen die Knochen wieder zurecht gerückt, für eine Mahlzeit, und ist dann weitergegangen. Die Franzosen dort in der Gegend nannten ihn nur ‹*Le Passant*›.» (Der Mann auf der Durchreise.)

Die Tramps von Amerika, die noch gut auf den Beinen sind, kommen immer noch zurecht, sie können sich in Friedhöfen verstekken und unter Friedhofsbäumen Wein trinken und urinieren und auf Pappdeckeln schlafen und Flaschen an den Grabsteinen zerschmettern und ohne Sorgen leben und ohne Angst vor den Toten voller Ernst und Humor von den Bullen nicht belästigt in der Nacht sogar fröhlich sein und die Überreste ihres Picknicks zwischen den grauen Steintafeln des Eingebildeten Todes liegenlassen, und sie verwünschen die Tage, die sie für die einzig wirklichen halten, aber O der arme Penner aus den billigen Kneipenvierteln! Da schläft er auf der Türschwelle, den Rücken zur Wand, den Kopf gesenkt, die rechte Hand mit der offenen Handfläche nach oben, als erwarte er etwas von der Nacht, die andere Hand baumelt, stark, fest, wie Joe Louis' Hände, erschütternd, die tragische Folge unvermeidlicher Umstände – an der wie zum Betteln aufgehaltenen Hand deutet die Stellung der Finger an, was er verdient und zu bekommen wünscht, sie formen das Almosen, der Daumen berührt fast die Fingerspitzen, als komme ihm gleich im Schlaf und mit dieser Geste über die Lippen, was er wach nicht sagen könnte: «Warum habt ihr mir das weggenommen, daß ich mich nicht im süßen Frieden meines eigenen Bettes ausruhen kann, sondern hier in diesen dumpfen unsäglichen Lumpen auf dieser demütigenden Treppe sitzen und warten muß, daß die Räder der Stadt wieder zu rollen beginnen», und weiter: «Ich will meine Hand so nicht sehen lassen, aber im Schlaf bin ich hilflos und kann sie nicht geradebiegen, doch nütze diese Gelegenheit und sieh mein Flehen, ich bin allein, ich bin krank, ich sterbe – sieh meine geöffnete Hand, lerne das Geheimnis meines menschlichen Herzens, gib mir das Ding, gib mir deine Hand, nimm mich mit zu den smaragdenen Bergen jenseits der Stadt, bring mich an den sicheren Ort, sei freundlich, sei lieb, lächle – ich bin jetzt zu erschöpft von all dem anderen, ich hab genug, ich geb's auf, ich will nicht mehr, ich will heim, bring mich heim O Bruder in der Nacht – bring mich heim, schließ mich ein wo ich sicher bin, bring mich dort hin wo es nur noch Frieden und Freundschaft gibt, zur Familie des Lebens, zu meiner Mutter, meinem Vater, meiner Schwester, meiner Frau, und zu dir mein Bruder und zu dir mein Freund – aber es gibt keine Hoffnung, keine Hoffnung, keine Hoffnung, ich wache auf und ich würde eine Million Dollar drum geben, könnte ich in meinem eigenen Bett sein – O Herr errette mich –» Auf verrufenen Straßen hinter Gaskesseln wo mörderische Hunde knurrend hinter Drahtzäunen lauern rasen plötzlich Streifenwagen davon wie bereitstehende Fluchtautos doch hinter ihnen liegt ein Verbrechen das verschwiegener und verwerflicher ist als sich mit Worten ausdrücken läßt.

Die Wälder wimmeln von Wächtern.